自分を変える力

桃田賢斗

竹書房

NTTEast
7

本
再春

NTT
東日本

YONEX

YONEX BADMINTON TEAM
BE THE BEST!!
YONEX
NTT East
7
7

はじめに

　ぼくはバドミントンが大好きだ。ぼくからバドミントンを取ったら、何も残らないだろう。ぼくはいま26歳で、競技を始めてから約18年が経った。そのなかで、何度も思わぬ困難があった。

　最初は、２０１１年の東日本大震災だった。ぼくは当時、実家の香川県から離れて福島県の富岡高校に通っていた。震災が起こったのは、２年生に上がる前だった。日本バドミントン協会の薦めで、ちょうどインドネシアに武者修行に行っていたときのことだった。

　突然、現地の練習仲間に話を聞かされて目にしたテレビ画面越しの映像は、とても日本だとは思えないほどひどい有り様だった。すぐに富岡高校の監督やチームメイトに連絡をしたが、何度かけてもつながらなかった。

日本へ帰国しても、福島第一原子力発電所のすぐ近くにある学校には戻れなかった。自分も仲間もそれぞれ実家に戻り、チームはいったん解散することとなった。この先自分がどうなるのか、今後バドミントンを続けられるのかどうか不安だったけど、その後、まわりの方々のサポートもあって、福島県猪苗代町の新しい拠点で再スタートすることができた。

次は、ほぼ出場が確実だったリオデジャネイロオリンピック3カ月前の2016年4月。ぼくが過去に違法賭博行為をしていたことが、報じられた。事実とはいえ、ずいぶん前に自分からやめていたこと。遠征先のマレーシアでその報道を知ったときは、自分の身に何が起こっているのか、すぐには理解できなかった。

その後、ぼくは日本バドミントン協会から、無期限競技会出場停止処分を受けた。実家に籠もる日々が続く。もう二度とバドミントンはできないのかなと思った。それでも、家族やＮＴＴ東日本のチームメイト、スタッフのみなさんが温かく見守ってくれたおかげで、ゆっくりとだがまた前を向けるようになった。

そして、ぼくは自分を変えよう、前より強くなろうと思った。

そう決意してからは、これまで以上に必死で練習に取り組んだ。２０１７年に処分が解除されて再び試合に出られるようになり、翌２０１８年には初めて世界ランキング１位になることができた。この間、ぼくは選手として、人として、大きく成長することができたのではないかなと思っている。

そして、２０２０年1月。今度は遠征先のマレーシアで大きな交通事故にあった。ぼくと同年代の24歳の運転手の方は、最悪の結果となってしまった。運転席のすぐ後ろに座っていたぼくは、全身を打って病院に運び込まれた。入院中、ベッドの上でぼくは、この先バドミントンができるのかどうか、先の見えない不安に襲われていた。

日本に戻り、ようやく2月の日本代表合宿から練習復帰することができた。だが、いざラケットを振ってみるとシャトルが二重に見えた。再び検査をすると、右眼窩《がんか》底骨折が判明し、手術を受けることとなった。

実はこのとき、競技への意欲が一気に薄れてしまった。

このままバドミントンをやめてしまえば、もうこんなつらい思いをすることはない、と……。

だけど、このときも応援してくれる人たちのたくさんの温かいメッセージが、ぼくの心を再び前へと向かわせてくれた。そして、その人たちに一番思いの伝わる場所、東京オリンピックで金メダルを獲りたいと、いつしか強く思うようになった。

新型コロナウイルス感染拡大の影響で、東京オリンピックは1年延期となった。それでも、気持ちは変わらない。もっともっと強くなるために、いまできることを続けていくだけだ。

これまで、くじけそうになるたびに、多くの人たちに助けてもらった。つらい思いをするたびに、いままで気づかなかったことに気づくことができるようになった。

正直、処分を受ける前までの自分は、ちっちゃい人間だったと思う。でも、強い気持ち、覚悟を持つことで、ぼくは変わることができた。本気になれば、人は変わることができる。この本では、これまでのぼくの歩みを振り返りながら、桃田賢斗という人間が、どう変わってきたかを伝えられればと思う。

NTT
東日本
NTTEast
7

自分を変える力

目次

第二章 東日本大震災を経て

第三章

期待の星として

第四章 復活までの日々

第五章　復帰からの進化

第六章　突如襲ってきた悪夢

NTT East

第一章　バドミントンとの出会い

〝スーパーマン〟賢斗

ぼくは、香川県三豊市に生まれた。「賢斗」という名前は、父がつけてくれた。世界で活躍するスーパーヒーローになるようにと、スーパーマンの主人公クラーク・ケントから取ったそうだ。

実家のまわりは田んぼに囲まれていて、5キロほど車で走れば、すぐ瀬戸内海に着く。小さいころは、父が運転するバイクの後ろに乗って、よく海に連れて行ってもらった。「こんぴらさん」こと金刀比羅宮も近い。いまでも、年末年始に里帰りしたときにはいつもお参りしている。

バドミントンを始めたのは、たしか小学校2年生の春ごろからだった。姉が「吉津バドミントンクラブ」に入部したのが、そのきっかけだった。姉の練習に毎回母が付き添うことになり、家でひとり留守番するのが嫌だったので、ぼくもついていくようになった。

最初は体育館の脇で見ているだけだったが、おばちゃんの監督さんがいて、「せっかく来たんやから、あんたも打ちよ」とラケットを持たせてくれた。最初から軽々と打てるわけはなく、しばらくは全然シャトルが当たらなかった。だから、始めたばかりのころは、正直あんまり楽しくなかった。まわりのみんなは簡単そうに打っているのに、自分はなんでうまく打てないんだろう。悔しいな、面白くないな、そう思っていた。

小学校2年生のとき、ぼくは香川県大会で2位に入り、全国大会に進むことになった。毎年、「ABC大会」という小学生の全国大会があり、その年の開催地は香川県だった。本当は県で1番になった選手しか出られないのだが、開催県は2位まで出場の権利があったので、たまたま出ることができた。自分の試合は、まったく覚えていない。たぶん予選敗退だったと思う。

小学２年生のとき、初めて全国小学生ABCバドミントン大会に出場

でも、全国の同級生の強い人たちを初めて見て、「こういう世界があるんだ」ととても新鮮だったのを覚えている。みんな上手で、強くて、自分もそうなりたいと思った。

家のなかでヘアピンショット

小学校4年生のとき、またABC大会に出場して、今度はベスト8に入ることができた。父の個人特訓が始まったのはそのころからだ。

いつも、メニューは決まっていた。家のまわり、約400メートルのコースを10周ランニング。それが終わると、20メートルダッシュ6本を2セット。家の脇でフットワークをすることもあった。父は家の前に立って、ぼくが走

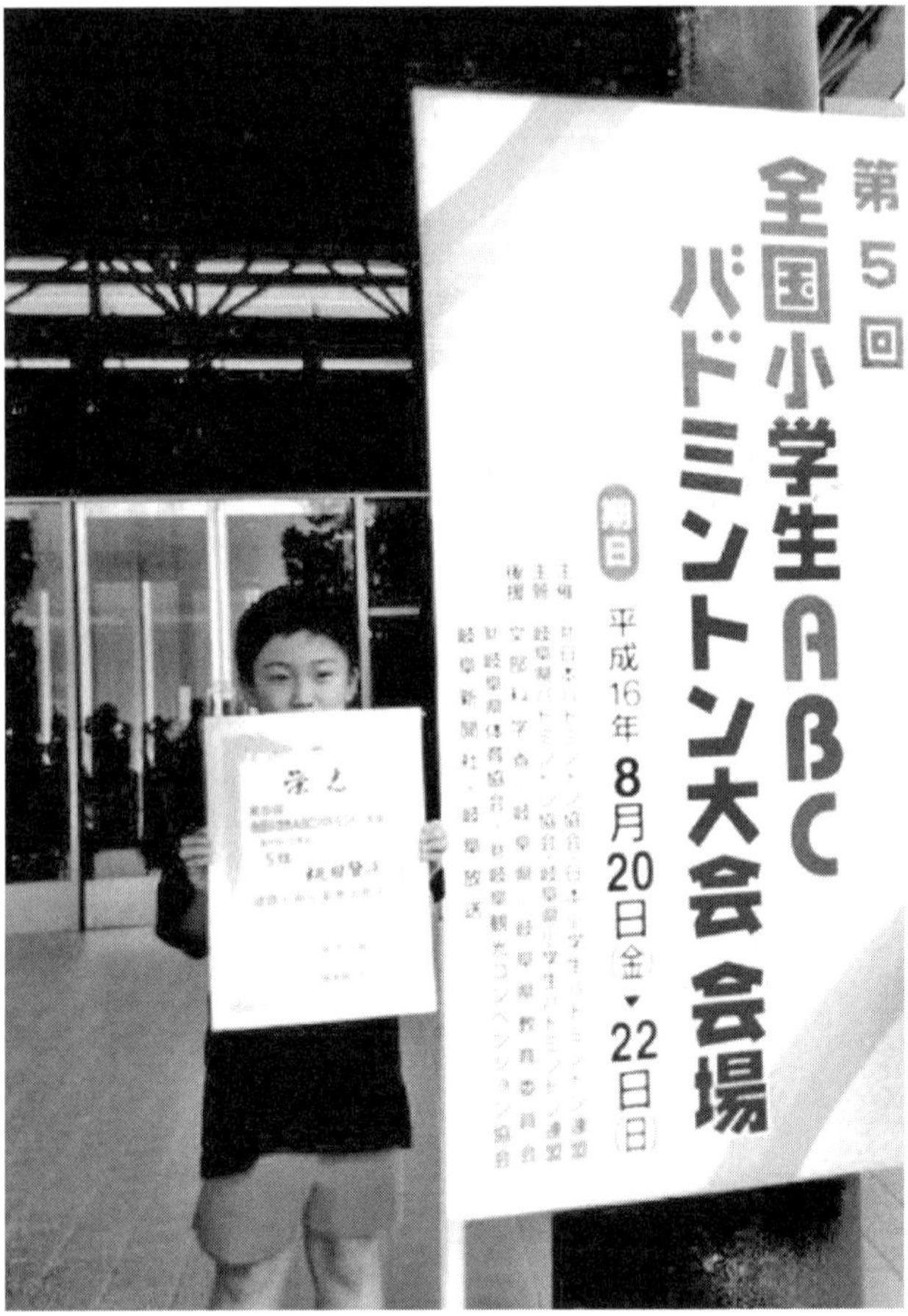

小学４年生で出場したABC大会では、全国でベスト８に入賞した

っているのを見ていた（監視していた）。まわりには隠れるところが何もないので、サボって走っていたらバレてしまう。当然、近道もできない。走るのは好きじゃなかったけど、父が怖かったから、やるしかなかった。やりたくなくて、泣きながら走ったこともあった。

それでも、だんだん上手にシャトルが打てるようになると、バドミントンそのものが楽しくなってきた。小学校5年生のとき、自分で自宅のリビングの入口にネットと同じ高さでゴムを張った。そのゴムネットで遊びながら打っているうちに、いまぼくの武器となっている〝ヘアピンショット〟が自然と身についていった。当時は練習というより、楽しみながら遊んでいるような感覚だった。

野球はひとりじゃ勝てない

実は、バドミントンのラケットを持つよりも、野球のグラブを持つほうが早かった。阪神ファンの父は、ぼくにプロ野球選手になってほしかったらしい。しかも左利きだから、往年の名投手である江夏豊さんのようなピッチャーを思い描いていたようだ。

だから、幼稚園のころから父とキャッチボールをしていた。小学校4年生からはソフトボール部にも入り、バドミントンと掛け持ちで練習していた。父としては、バドミントンは本格的に野球を始めるまでの「つなぎ」という感覚だったのだろう。

ソフトボールでのぼくのポジションは、たまにピッチャーをしたり、ショートについたりすることもあったが、だいたいファーストが多かった。投げるのも打つのも捕るのも得意だったけど、残念ながら強いチームではなかったので、どうがんばってもひとりでは勝てない。これが、チームスポーツの難しいところだ。

バドミントンとソフトボール、どっちも楽しみながら全力でやっていたけど、ぼくの性格は幼いころから負けず嫌い。個人の力で勝てるバドミントンのほうに、自然と気持ちが傾いていった。

こざかしさを武器に

そのころのぼくのプレースタイルは、子どもにしてはちょっと変わっていた。わかりやすくいえば、こざかしいタイプだった。スマッシュを打たずに、相手の嫌なところを突く。必死で足を使って手を伸ばせば届く相手のショットも、コーチだった父が「取らんでいい」と言うので、見送っていた。

あとから知ったことだが、父はのちにぼくが野球をやることを第一に考えていたらしい。肩や肘を壊さないよう、ぼくにスマッシュをなるべく打たせないようにしていた。小学生くらいなら、強いスマッシュを打てば勝てる確率は高くなる。でも、あえてスマッシュを使わず、自分の頭で考えて、試合を組み立てられるようになってほしかったようだ。

いまになってみれば、当時の父の教えもためになっている部分はある。でも、そのころのぼくと戦う相手は嫌だっただろうなと思う。

小学5年生のとき、全国大会で準優勝した。初めて全国大会の決勝に進み、そこで負けたことで、「日本一になりたい」という強い思いが初めてぼくのなかに芽生えた。その12月ごろから、現在の日本代表コーチである中西洋介

小学５年生のとき、全国小学生バドミントン選手権大会で準優勝

さんも所属していたバドミントンチーム「香川スクール」で、練習するようになった。

そして、迎えた6年生8月のABC大会。最後に日本一になって、ぼくはバドミントンをやめるつもりだった。でも、まさかのベスト16。すごく悔しかった。敗れた相手は沖縄の選手。彼は4年生ぐらいから徐々に実力を上げてきて、その勢いでやられてしまった。悔しくて、悔しくて、なんで負けたんだろうと何度も自問自答して、1カ月ぐらいずっと落ち込んだ。

でも、とことん落ち込んだあと、今度はやる気が出てきた。絶対に次は負けたくない。悔しさを晴らすため、練習にいっそう力を入れるようになった。ずっと父から〝やらされていた〟走り込みへの意識も変わった。走っていて、きつくなったときには、「もうちょっとがんばったら勝てるんじゃないか」と自分自身を奮い立たせた。

それまでは、バドミントンという競技を、ただ楽しんでいた感じだった。

でも、負けて悔しい思いをしたことで、勝ちたいという強い感情がぼくのなかに生まれた。

練習に打ち込んだ結果、翌1月に行われた小学校最後の全国大会では優勝することができた。本当は中学から本格的に野球をやる予定だったが、一生懸命練習に取り組んで日本一になれたことで、この先もバドミントンを続けようと心に決めた。

福島県富岡町へ

ぼくは、福島県の富岡第一中学校から声をかけてもらっていた。誘ってもらったのは、夏のＡＢＣ大会のあとぐらいだったと思う。当時バドミントン

小学6年生の全国バドミントン選手権では、見事に優勝を飾った

が一番強かったのは埼玉栄中、高校だった。強い選手は、だいたいみんなそこに集まる。ぼくはＡＢＣ大会の結果も悪かったので、埼玉栄から声はかからなかった。

富岡は、２００６年から公立の中、高一貫校になり、ちょうどスポーツに力を入れはじめたところだった。バドミントンだけではなく、サッカー、ゴルフのトップ選手が全国から集まってきていた。

ぼくの地元の地区の中学校には、女子のバドミントン部はあったけど、男子はない。だったら、そこの中学校に行く理由はないし、野球をやったほうがいい。ぼくはバドミントンを続けると決意していたから、福島へ行くことに決めた。香川から遠く離れることに少しも抵抗はなかった。

両親に「富岡に行きたい」と告げると、まったく反対されることはなく、むしろ背中を押してくれた。どんな会話を交わしたかは忘れてしまったが、母はぼくの前では寂しそうな素振りは見せず、応援してくれた。ぼくをプロ野球選手にしたかった父も、「行きたいなら行けばいい」という感じだった。自分でもびっくりするぐらい、富岡行きはとんとん拍子に決まった。

でも、あとから聞くと、父はぼくが中学2年生になるまでは、プロ野球選手になってほしいという夢をあきらめていなかったらしい。その気持ちを自分の胸にしまいこみ、ぼくの一番やりたいことを全力でサポートしてくれたことがありがたかった。

もし、いまのぼくだったら、絶対富岡には行ってないだろう。知らない土地や環境で暮らすのが大変なのはわかっているし、困ったときに助けてくれる家族もいない。身のまわりのことも全部ひとりでやらないといけない。

でも、そのときは、そこまで考えていなかった。全国大会で何度も顔を合わせている先輩や同級生もいるとわかっていたから、まったく不安もなかった。まぁ思い返せば、たぶん深く考えてなかっただけなんだろうな……。

福島に行く少し前、おばあちゃんが、ぼくの大好きなミカンの木を買ってくれた。そして、出発の記念にその木を実家の庭に植えた。ぼくが家からいなくなってからは、父はその木をよく見ていたとあとで聞かされた。ミカンの成長の様子を、ぼくに重ねて見ていたのだと思う。

インドネシア人コーチとの出会い

富岡では、楽しい生活が待っていた。みんなで一緒に寮で暮らして、ご飯を食べて、毎日が修学旅行みたいだった。

中学時代、それまでと大きく変わったのは、世界を意識しはじめたことだ。富岡中にはインドネシア人のコーチがいた。1年のときはヌヌン・ズバンドロさん。2年からはイマム・トハリさん。ふたりとも、世界のトップレベルを肌で知っている人だった。とくに、男子シングルスで世界ランキング4位になったこともあるイマムさんからは、学ぶことが本当に多かった。

イマムさんの動きは、ぼくがいままでまったく見たことがない感じだった。日本人では見たことのない、柔らかさ、しなやかさがあった。ぼくにとって、世界で活躍していた人のプレーを生で見るのは、それが初めてのことだった。だから、とてもかっこよく見えたし、大きな影響を受けた。

テクニックを直接教えてもらうのではなく、ぼくはイマムさんの動きを見ながら、勝手に真似を始めた。ラケットが向いている面とは逆方向にシャトルを飛ばすフェイントのやり方や、柔軟で自在なフットワーク……。見よう見まねでいろいろ試してみながら、少しずつ自分のものにしていく。そんなことを繰り返していた。

当時、イマムさんからは「世界で勝つ」という言葉を何度も聞かされた。バドミントンが盛んなインドネシアのトップ選手にとって、バドミントンはお金を稼ぐ有効な手段だ。バドミントンに人生がかかっている。そういうプロ意識が、自然とぼくにも植え付けられていった。

スーパースターへの憧れ

そのころは、仲間と一緒に海外選手の動画をよく見ていた。

2004年アテネオリンピック、シングルス金メダリストのタウフィック・ヒダヤット（インドネシア）、欧州のトップ選手ピーター・ゲート（デンマーク）、2008、2012、2016年と3大会連続オリンピック銀メダリストのリー・チョンウェイ（マレーシア）、北京、ロンドンオリンピック連覇の林丹（中国）。

彼らが、当時のぼくたちにとってのヒーローだった。どこがどうすごいのか、なんで強いのかは、頭では理解できていなかったかもしれないけど、動画を見てその動きを練習の合間に真似していた。

ぼくは、誰かの動きの真似をするのが得意なほうだ。普段の練習のなかでは、真似をしてミスすると相手に悪いから、なかなかできない。だから、空き時間のちょっとした遊びとして、憧れの選手のプレーを真似しながら試していた。休憩時間でも誰かに声をかけて打ち合っていたし、休日に誰かを誘って体育館に自主練習に行くこともあった。

ぼくはシャトルを打つこと自体が好きだ。楽しくて、いつまでやっていても飽きない。中学、高校時代、誰よりもシャトルを打っていたと思う。

恵まれた環境のなかで

富岡では毎日、中学生と高校生が一緒に練習していた。中学生のぼくと比べて、高校生の先輩は身体が大きくて、力も強い。最初は全然敵わなかった。でも、それがかえって刺激になった。繰り返しになるが、ぼくは負けず嫌いだ。何度やられても、先輩にぶつかっていった。

練習自体は、地味なものばかりだ。フットワーク、ランニング、縄跳び……。試合形式の練習はほとんどなかった。でも、そのときの地味な基礎練習が、いまでもぼくの土台になっていると思う。

相変わらずランニングは嫌いだったけど、いつも走る道の途中には海があって、そこを走るのは気持ちよかった。学校を出て少し坂道を上って山のなかに入り、そこから下りていくと海が見えてくる。防波堤があって、穏やかで静かな海。練習がないときも、ときどきその風景を見に行っていた。瀬戸内海のそばで生まれ育ったぼくは、海を見ていると心が落ち着くというか、穏やかな気持ちになれた。

プレースタイルや打ち方に関して、先生たちに何かを言われることはほとんどなかった。それぞれの選手が、それぞれのスタイルで好きにやっていたように思う。

ただ、プレーを自由にやらせてもらえた反面、日常生活の言動に対しては厳しかった。中学校の監督である齋藤亘先生がよく言っていたのは、「当たり前のことを当たり前にできる人間になれ」。だから、あいさつしなかったり、練習中に声を出さなかったりすると、めちゃくちゃ怒られた。プレーだけうまくなっても、そこに人格が備わってないと強くはなれない、と何度も言われていた。

富岡のスローガンは「世界にはばたく人材の育成」だ。ひとつの型にはめることなく、アスリートとしてだけではなく、人間としても将来大きく成長していってほしい、と考えてくれていたのかなと思う。

15歳で全日本総合初出場

中学で一番悔しかったのは、2年生のときの全中（全国中学校バドミントン大会）の決勝で負けたことだ。1ゲームを取り、2ゲームは20－15までいった。でも、そのマッチポイントから逆転されて2ゲーム目を落とすと、流れが相手にいってしまった。そのままファイナルゲームも取られて負けた。めちゃくちゃ悔しかった。めちゃくちゃ泣いたのを覚えている。

中学２年生の全中では決勝で敗れ、悔しくて泣いたという

その1年後、3年生のときの全中では優勝できたが、それは普通のことだから特別なうれしさはない。勝ってほっとしたという感じだった。

全中で優勝したあと、JOCジュニアオリンピックカップという大会で高校生に勝ち、ぼくは初めて全日本総合の予選に出ることになった。

全日本総合は、日本一を決める大会。バドミントン選手なら、誰もがタイトルを獲りたいと思う特別な大会だ。ぼくは、当時15歳3カ月の史上最年少での出場だった。

予選1回戦の相手はベテランの社会人選手。最年少出場ということで注目を浴びて、すごく緊張していたのを覚えている。結局、まったく自分のバドミントンができず、勝利にも執着できなかった。1ゲームは取れたけど、最後までフワフワしたまま何もできずに終わった感じだった。

中学３年生の全中は圧巻の優勝で、
その後史上最年少で全日本総合に出場

インドネシアへの武者修行

高校1年のときは、夏のインターハイのシングルスでベスト8に入った。その年、日本バドミントン協会から育成選手に選ばれて、1年から2年になる間の3月に、インドネシアへ武者修行に行くことになった。練習先は、憧れのレジェンド、タウフィック・ヒダヤットがつくったクラブチーム「THフォース」だった。

ずっと映像で見ていたアテネ金メダリストのヒダヤットが、目の前で練習しているのは感動だった。すでにヒダヤットは引退していて、少し時間も経っていたから、富岡の仲間たちと一緒に動画で見ていた全盛期の動きとは違う。それでも、かっこいいなと思わず見とれてしまった。

インドネシアというより、海外に行くこと自体が初めての経験だったから、行く前はめちゃくちゃ不安だった。食事では虫を食べたりするのかな……なんてイメージもしていたけど、さすがにそんなことはなかった。コーチのイマムさんも一緒だったから、特別困ったこともなく、楽しく練習する日々が続いた。

練習の予定は3週間。その期間を消化しないうちに、日本に帰国することになろうとは、そのときは想像すらしていなかった。

第二章

東日本大震災を経て

インドネシアで知った震災

2011年3月11日。インドネシアで武者修行中だったぼくにとって、遠くで起こった東日本大震災はすぐには信じられないものだった。第一報が入ったのはその日の午後、体育館で練習していたときのことだった。

練習している最中、いきなり現地の練習仲間に「桃田！　テレビを見ろ！」と呼ばれた。テレビのある場所に行って画面を見ると、ボロボロになった空港の姿が映っていた。見た瞬間、すぐには何のことなのかわからなかった。

テレビには、次々にいろんな場所の映像が映し出される。そのうち、〝ミヤギ〟という言葉が聞こえた。それでようやく、これは日本で起こっていることなんだと理解することができた。とっさに日本で起きていることだと判別できないぐらい、画面の向こうの風景はひどい有り様だった。

そのまま、しばらくテレビを見ていると、今度は日本地図の福島県の部分が赤く塗られていた。福島で何かがあったのかと不安がよぎった。すぐに富岡高校の大堀均監督や、チームメイトに電話をした。何度かけても、つながらない。福島、あるいは東北地方が大変なことになっているんだと思い、香川の実家に電話をかけた。

「誰とも連絡つかん。福島県どうなっとるん？」

ぼくは動転していた。

帰国、そして不安の日々

両親との電話を通じて、大地震が起こったことや、地震後の津波で東北太平洋側に大きな被害があったことがようやく把握できた。ぼくが住んでいた富岡町は、すぐ近くにある東京電力福島第一原子力発電所のメルトダウン事故によって、すぐに警戒区域に指定されていた。

震災の日、富岡第一中学校では卒業式が行われていた。チームメイトも含めた富岡中学、高校の生徒たちは、すぐに高台に避難したおかげで、幸い津波の被害にはあわなかった。でも、学校から約10キロ北にある原発の事故によって、生徒は全員富岡町から緊急避難することになった。バドミントン部の仲間たちは、一時的に福島県の内陸地区へと移り、そこから、いったんそれぞれの実家に帰ることとなった。

　ぼくがインドネシアから日本に戻ったのは、震災の2日後だった。知人に成田空港から羽田空港まで送ってもらい、そこから高松空港へ。両親に空港まで迎えに来てもらって実家に帰ることができたが、心のなかは不安でいっぱいだった。その時点で、富岡町にはたぶんもう戻れないんだろうなと感じていた。

　この先、どうなるかわからない……。

　バドミントンを続けられるんだろうか……。

　そんな不安を抱えたまま、何もやる気が起きず、家でただぼーっとしていた。でも、数日後に吉報が届いた。大堀監督が、部員それぞれが練習できる場所を探してくれていた。

　ぼくは、最初は富山県の実業団チーム、トナミ運輸でお世話になり、その後は同じく実業団チーム、NTT東日本の千葉の拠点で練習させてもらった。

まわりの人たちの尽力のおかげで、再びバドミントンの練習ができるようになったけれど、直後に予定されていた選抜大会は中止。ぼくは先輩とのダブルスに力を入れていて、優勝できる自信もあったので、ぶつけようのない、やるせない気持ちでいっぱいだった。

新たな拠点、猪苗代町へ

富岡高校の再開が決まったのは4月末だった。だが、警戒区域となった富岡町には戻れない。ぼくらバドミントン部は、富岡町から西に約100キロ離れた猪苗代町に拠点を移すことになった。

当時、猪苗代町は太平洋側の地区と比べて、放射線線量が低かった。それでもチームメイトのなかには、転校する人もいた。本人が富岡高校に戻りたくても、家族に止められた例もあった。

ぼくはというと、早くチームに戻って、富岡高校でやりたいという気持ちが強かったので、福島に戻ることにまったく迷いはなかった。家族と特別話し合いをした記憶もない。おそらく両親は不安だったと思うけど、何も言わずにぼくの希望を尊重して送り出してくれた。

5月のゴールデンウィーク明け。両親は香川から車で千葉まで来て、お世話になっていたNTT東日本でぼくを乗せ、猪苗代へと送り届けてくれた。チームが集結するのは2カ月ぶり。ぼくは久しぶりにみんなと会うのが楽しみだったし、ワクワクしながら車で向かった。

みんなでまた集まって一緒に練習できたときは、純粋に楽しい、幸せだと心から思えた。富岡にいたときはサッカー部やゴルフ部も一緒だったが、猪苗代に来たのはバドミントン部だけだった。ほかの部はそれぞれ違う拠点へと移っていた。

それぞれの事情でメンバーは少し減ってしまったけれど、猪苗代に移ったことで、チームの団結はより強くなったように思う。そこには、みんなで助け合う〝家族感〟があった。

地元の人たちに支えられて

バドミントン部専用の体育館があった富岡時代とは違い、猪苗代では町立の体育館を拠点にしながら、練習場所を転々とした。それでも毎日たくさん練習できる環境があるだけ、ありがたいことだと思えた。

授業は、地元の猪苗代高校で一緒に受けさせてもらった。富岡にいるときよりも授業の時間がやや少なくなり、よりバドミントン漬けの生活になった。

猪苗代町の人たちには、本当にいろいろと助けてもらった。新たに住むことになったのは、ペンション「あるぱいんロッジ」。オーナーさんのご厚意で、そこに高校卒業までチームメイトと一緒に住まわせてもらった。

富岡時代の学生寮にはたくさん部屋があったので、2人1部屋だったが、あるぱいんロッジでは4人1部屋で畳に雑魚寝だった。おかげで、余計に仲間との親密感が増した。

そして、オーナーさんご夫妻はすごく優しくて、何より毎日つくってくれるご飯がすごく美味しかった。いろいろ美味しいものを食べさせてもらったが、なかでもぼくはハンバーグが大好きだった。

また、近所の「まるいち食堂」さんにも大変お世話になった。毎週土曜日の昼食だけは自分たちで用意しなければならなかったのだが、ぼくらは大体まるいち食堂に出前してもらうか、お店まで食べに行っていた。いつも頼んでいたのは、ソースかつ丼の大盛り。ぼくは、あそこのソースかつ丼がいまでも世界一美味しいと思っている。

お店に食べに行くと、カツを多めにしてくれたり、注文したもの以外に4人でひとつのラーメンをサービスで出してもらったりしていた。お店の人たちは、いつも「試合どうだった？」とか話しかけてくれて、ぼくたちのことを気にかけてもらっていた。卒業してから再訪したときも覚えてくれていて、「元気にしてる？」と喜んでくれた。

猪苗代のみなさんは、ぼくたちが大会で結果を出すたびに、いろんなところに横断幕を出してくれたり、声をかけてくれたりした。大会が終わると、いつも町役場にあいさつに行かせてもらっていた。外から来たぼくたちのことを、町全体をあげて応援してくれたのは、本当に心強くうれしかった。

震災後、一時はバドミントンをやめなくちゃいけないんじゃないか、とまで思っていた。だから、そこからまたバドミントンができるようになったこと、まわりの人たちが助けてくれたことで、自分のなかに自然と感謝の気持ちが生まれた。

全国大会での屈辱

2011年夏、高校2年生のインターハイでぼくは屈辱を味わった。男子シングルスの決勝で、当時埼玉栄3年だった古賀輝選手に1-2で敗れたのだ。その前に行われた団体戦のシングルスでは勝っていたから勝てる自信があったが、いざ試合をしてみると、相手の勢いに呑まれてずるずると負けてしまった。

このショックは、だいぶ大きかった。

ぼくはどんなつらいことがあっても、バドミントンをすれば元気になる、嫌なことも全部忘れられると思っていたが、そのときは、バドミントン自体が楽しくなくなってしまった。1、2週間ぐらいは練習をやる気が起きなかった。「もう、バドミントンはいいかな……」と思ってしまうほどだった。

でも、考えてみれば自分にはバドミントンしかない。いつの間にかやりたい気持ちが湧き上がって練習を続けていたら、悔しさが込み上げてきた。幸い2カ月後には国体があり、そこで再戦するチャンスがあった。そのとき絶対リベンジするんだ、と気持ちを奮い立たせた。

そして、やってきた10月の山口国体。古賀選手がいる埼玉とぼくら福島は決勝で対戦することとなった。国体は、ダブルスひとつとシングルスふたつで争う。最初のダブルスでぼくと先輩のペアが古賀選手のペアに勝利し、次のシングルス初戦は負け。ぼく対古賀選手の最終シングルスで勝負が決まる。そこで、ぼくは21-15、24-22のストレートで勝ち、リベンジすることができた。悔しさを乗り越えた勝利は、すごく手応えがあった。

このあと、11月に台湾で行われた世界ジュニア選手権では、準決勝まで勝ち進んだ。準決勝の相手は、前年の1回戦で敗れたマレーシアのズルファドリ・ズルキフリ。リベンジといきたいところだったが、ストレート負け。初の銅メダルとはいえ、まだ世界との差を感じる結果だった。

憧れの田児賢一さんとの初対戦

12月、ぼくは三度目の全日本総合選手権に出場した。池田雄一さん（当時日本ユニシス）、竹村純さん（当時JR北海道）という実業団の先輩たちに勝利して、初のベスト8入りを果たした。そして迎えた準々決勝の相手は、

高校２年生のときには、自身三度目となる全日本総合に出場

憧れの田児賢一さん（当時ＮＴＴ東日本）だった。

田児さんは史上最年少の19歳４カ月で全日本総合を制し、２０１０年にはバドミントン界の伝統の大会、全英オープンで準優勝。翌年に控えたロンドンオリンピックでの活躍を期待されていた。

ぼくは震災直後、田児さんの所属するＮＴＴ東日本で一時期お世話になり、一緒に練習させてもらっていた。でもまさか、こんなに早く憧れの先輩と初対戦できるとは思ってもいなかった。

田児さんは、ぼくと同じ高校２年生のときに全日本総合でベスト８入りしていた。だから、ぼくはその記録に並んだだけでも光栄だと思っていた。とくにプレッシャーはなかったし、田児さんとの試合をとにかく楽しもうと思っていた。でも、そう甘くはなかった。まったく自分の良さを出せないまま、9－21、17－21で完敗した。力を出し切れずに負ける、という経験はそれが初めてだった。

実業団の強豪を倒し、見事に初のベスト８進出を果たす

なぜ、負けたのか。まず精神面のコントロールがうまくいかなかった。準々決勝からコートが6面から3面に絞られ、アリーナの観客席ができる。コートの数が減ることで、一つひとつの試合が注目されて観客との距離も近くなる。その状態に慣れていなかったため、ぼくは動揺してしまった。それに、当時のぼくは「天才高校生」と呼ばれ、まわりから注目されはじめていた。たくさんのカメラに囲まれて、試合中は緊張しっぱなしでフワフワした状態だった。

対する田児さんは堂々として、常に淡々とプレーしていた。そして、ガッとラケットを構えた姿には、なんともいえないオーラがあった。その時点でこれまで戦ってきたどの相手とも全然違う、と感じた。経験値、状況判断、フィジカル、スピード、一球一球の精度……。試合をしながら田児さんのすごさを実感した。

ぼくが何をやってもだめ。まったく通用しない。力の差は、思っていた以

準々決勝では自分のバドミントンをさせてもらえず、力の差を感じたという

上だった。バドミントンをさせてもらえない。試合になってなくて、いつの間にか終わっちゃったという感じだった。

日本人初の世界ジュニア優勝

年が明けて、ぼくは初めてシニアの日本代表入りを果たした。高校3年になり、夏のインターハイでは、男子シングルス決勝で富岡高校のチームメイトの小林優吾に勝って優勝。最後の大会で3冠を狙っていたが、ダブルス、団体は準優勝に終わった。

11月には、千葉ポートアリーナで世界ジュニア選手権が開催された。ぼくは順調に勝ち進み、決勝の相手は中国の薛松（シュエ・ソン）。団体戦で勝っていたとはいえ、力はほぼ互角だった。スタンド席には富岡高校の仲間もいるし、日本での開催だから家族も含めて応援はいつもの国際大会より多い。その応援がぼくの力になった。

第1ゲームは21－17で先取し、第2ゲームは19－21で落とした。ファイナルゲームは序盤からリードを奪われ、17－19とあと2点取られれば負けるところまで追い詰められた。

そのとき、「あきらめるな！」とスタンドにいるみんなの声がぼくの耳に届いた。力が湧いた。そこから4連続ポイント。最後はネット際のシャトルに飛びつき、相手コートに叩きつけた。あの田児さんもできなかった、日本男子初の世界ジュニア優勝。うれしくて、そのままコートに転がって、両手を突き上げた。試合が接戦だったこともあり、自然とうれし涙が流れた。

この結果は、震災を経て、バドミントンのできる環境が当たり前ではないとわかったからこそ得られたものだと思う。一戦一戦に込めた気持ちは以前よりも強くなっていた。いままでお世話になった富岡町、猪苗代町の人たち、コーチ、チームメイト、家族。みんなへの恩返しは結果でしか表せない。まだ復興半ばの福島や被災地の人たちに、少しだけ明るいニュースが届けられたかなと思えた。

試合後のインタビューでは、4年後のリオデジャネイロオリンピックについて質問された。その時点で、オリンピックに行くイメージはまだぼくのなかにはなかったが、「あと2、3年したら世界で戦えるという自信がついた。もっと強くなって、その舞台に立ちたい」とだけ答えた。まだオリンピックでプレーできるだけの力はない。もっともっと強くならなければならない、とぼくは感じていた。

田児さんと二度目の対戦

それから1カ月後。1年前と同じ全日本総合の準々決勝で、再び田児さんと対戦した。

1年前よりは戦える自信があった。その年、ぼくはNTT東日本に何度も練習に行かせてもらっていて、田児さんとも試合をさせてもらっていたからだ。そのとき対戦した感じは、いずれも悪くはなかった。それに、力を出し切れなかった1年前の苦い記憶があるから、出し切れずに負けることだけはやめようと、しっかり気持ちを持って試合に入った。

でも、やっぱり甘かった。田児さんは強かった。

第1ゲームは一時リードを奪ったが、田児さんは全然焦らない。ぼくのミスも重なり、結局16－21で落とした。第2ゲームは6－8から8連続ポイントを取られて、そのままずるずると負けてしまった。

1年前と同じストレート負け。もう少し戦えると思っていたが、田児さんとの差は全然縮まっていなかった。練習とは違う緊張感のなかで、駆け引きを制し、空気を支配する。試合運びのうまさを見せつけられた。

そのときは、世界ジュニアで優勝していて、もうシニアの世界でもそこそこ戦えるんじゃないかと思っていたのだが、田児さんに負けてぼくは完全に打ちのめされた。自分の力はまだまだなのだと思い知らされて、すごく悔しかった。

高校1年生のとき、ぼくの男子シングルス世界ランキングは600位台だったが、卒業するころには50位台まで上がっていた。そのおかげで、光栄なことに、いくつかの社会人チームから声をかけてもらっていた。

そのなかから、ぼくは迷わずNTT東日本を選んだ。なぜなら、田児さんがいたからだ。自分がもっと強くなるためには、日本で一番強い人と毎日練習して、その人を育てたスタッフに自分を見てもらうのが一番だとぼくは信じていた。

第三章

期待の星として

NTT東日本に入社

2013年春、富岡高校を卒業したぼくは、社会人チームの強豪NTT東日本に入社した。社会人とはいえ、バドミントンをやることが仕事。毎日練習だけに集中できる環境になった。

当時のチームは年齢に関係なく、完全な実力主義だった。前年にロンドンオリンピックに出場し、世界でも活躍する田児賢一さんがチームの中心的存在。その次の2番手が、入ったばかりのぼくだとみんなが認めてくれていた。世界で勝てる選手を強力にサポートしてくれる体制があり、ぼくとしてはとてもやりやすかった。

たぶん、どんな世界でもそうだと思うが、練習では特別なことはしない。

同じことの繰り返しだ。練習時間も1日に全体で約3時間、自主的なトレーニングを入れても多くて7時間。そんななかどこで差がつくかというと、いかに実戦をイメージして普段の練習ができているかだ。

自分の頭で考えて、効率的に身になる練習をできた人間が勝つ。日本代表になるような選手は、そういった思考や行動の優れている人ばかりだったが、なかでも田児さんから学ぶ点は多かった。

田児さんは、考えて動くのはもちろん、練習をとことん楽しんでいた。自分も昔からそういう取り組み方だったが、田児さんはぼくと同じかそれ以上にバドミントンが好きで、楽しんでいるように感じた。

田児さんとはNTT東日本での練習のほか、日本代表として海外遠征も一緒に回ることが多かった。だから、ぼくのプレーもよく見てくれていて、「この前、負けた部分はこういうところだから……」と具体的なアドバイスをくれて、ありがたかった。

田児さんと三度目の対戦

その年、12月の全日本総合準決勝では、田児さんと三度目の対戦が実現した。過去に2回負けた悔しさもあったし、練習ではだいぶ近づいていたつもりだったから、ぼくは勝ちにいくつもりで試合に臨んだ。

でも、やっぱりだめだった。またしても、18‐21、12‐21のストレート負けに終わった。

1ゲーム目は、ぼくが少しリードしながら試合が進んでいった。そこで、ぼくが勢いに乗って飛ばしすぎてしまったのがよくなかった。要所要所でうまくやられて、終盤で逆転されてしまった。1ゲーム取ったことで心に余裕を与えてしまったのか、2ゲーム目は完全に田児さんのペース。ぼくは何も

2013年、社会人１年目の全日本総合では、初のベスト４に進出

できなかった。

社会人1年目のその年は、自分でもまあまあかなという成績を海外でも残せていた。田児さんとの力の差も縮まっていると思っていたが、いざ本番になったらまだまだ敵わなかった。一つひとつのプレーの精度が高いのはもちろん、ラリー以外の時間の使い方、例えば自分の調子がいいときにはすぐサーブに入ったりとか、調子が悪いときにはコートサイドに汗を拭きに行ったりとか、そういうのがすごく上手だった。

田児さんは、その秋に日本で行われたヨネックスオープン・ジャパンで、日本男子シングルス初の決勝進出を果たした。決勝ではリー・チョンウェイに0－2で惜しくも敗れたが、11月には世界ランキングが3位まで上昇していた。選手としてピークにあった田児さんの、全日本6連覇を止めることはできなかった。

結局、田児さんとのシングルスでの対戦はこれが最後となった。3戦全敗

準決勝の第1ゲームはリードするも、次第にペースを奪われて無念の敗退

だ。田児さんの力が10だとして、1回目の対戦のときのぼくの力は比べるまでもない程度。2回目のときは、2ぐらい。最後の3回目でも、4とか5とかしかなかったと思う。そのぐらい圧倒的な力の差を感じた。

トマス杯優勝

2014年5月、ぼくたちバドミントン男子日本代表は、インド・ニューデリーで開催された国別対抗戦トマス杯で初優勝した。5連覇していた中国を準決勝で破り、決勝ではバドミントンを国技とする強豪マレーシアに3-2で競り勝った。1949年から始まったこの団体戦は、それまでの27大会で、中国、マレーシア、インドネシアの3カ国しか優勝したことがなかった。

だから、ぼくたち日本の優勝は世界中が驚く〝大金星〟だった。

試合はシングルス3、ダブルス2試合で争われる。シングルスの1番手は田児さんで、ぼくが2番手。ぼくは出場した5試合すべてに勝利することができた。自分はチーム最年少。先輩たちがのびのびプレーできる雰囲気をつくってくれたこともあり、初出場にもかかわらず存分に実力を発揮することができた。

帰国後の記者会見では、金髪姿のぼくが「チャラい」と注目された。ぼくたち男子日本代表の快挙がテレビや新聞で取り上げられ、少しは街で声をかけられるようになるのかなと思ったけど、残念ながらまったくなし。

もっともっと強くなって、もっともっとすごい結果を残さないとバドミントンは注目してもらえないんだな、とこのとき、あらためて思った。このころから、ぼくは「バドミントンをメジャーにしたい」と意識的に発言するようになった。

怠惰な生活とギャンブル

社会人2年目の2014年ごろ、ぼくはかなり怠惰な生活を送るようになっていた。食事に関してはまったく気をつかわず、食べる時間もバラバラだった。早起きが苦手なので、朝食は食べない。嫌いな野菜もまったく口にしなかった。

20歳になってからは、先輩たちと一緒に、よくお酒を飲みに出かけた。練習が終わったら、そのまま酒場へ。だいたいぼくはビールを飲んだ。その後、必ず〆のラーメンを食べて、寮に帰って寝る。そんな生活のサイクルを繰り返していた。気づけば70キロほどだった体重は、80キロにまで増えていた。このころは、若さゆえの遊びたいという気持ちが強かった。

田児さんの影響で、ギャンブルにも手を出しはじめた。田児さんは2014年9月のアジア大会中に左足首をねんざして、しばらく練習ができない状態だった。その間、たまたま知り合いの紹介で東京・錦糸町のカジノ店に入ったという。ぼくも誘われて、一緒に行くようになった。

ぼくが最初にギャンブルを経験したのは、その年の世界選手権で行ったデンマーク・コペンハーゲンでのことだった。初めて合法カジノ店に入り、勝負のスリル感を感じて、その魅力にはまってしまった。感覚がおかしくなっていたのだと思う。非合法であるはずの国内の店に行くことにも抵抗がなくなっていた。

変わるきっかけ

そんな生活を抜け出すきっかけがあった。2014年12月の全日本総合と、その直後に行われたドバイでのスーパーシリーズファイナルだ。

全日本は、前年まで6連覇していた田児さんが、けがのため欠場。ぼくが優勝候補に浮上した。個人として日本一になりたいのはもちろん、田児さんが6年間保持してきた優勝杯をほかのチームに渡してはならない、という気持ちを持って大会に臨んだ。

順調に勝ち上がり、初の決勝進出。決勝の相手は、ベテランの佐々木翔さん（当時トナミ運輸）だった。優勝しなければならない、というプレッシャーか、初めての決勝に緊張していたのか、ぼくのプレーは硬かった。ショットが狙ったところからことごとく外れた。

第1ゲームでは4連続でショットがアウトになるなど自滅し、11－21で落とした。第2ゲームは終始競り合う展開となったが、最後は佐々木さんの冷静さが上回り、19－21で敗れた。勝って当然という気持ちでいたぶん、不甲斐ない結果に呆然とした。

でも、いま振り返ると、勝って当然という考え方が傲慢だったと思う。実際、佐々木さんには実力で負けたのだ。バドミントンは試合そのものは一発勝負だが、1ゲーム21点、2ゲーム計42点を積み重ねることは、まぐれではできない。負けるときは、ただ実力で劣っていたから負けたということ。佐々木さんの力が、ぼくよりも上回っていただけのことだ。

自分で言うのもなんだが、バドミントンをやってきて、それまで大きな挫折を経験したことがなかった。自分の勝手なイメージだが、どんな世界においても、第一線で活躍している人は、少ないチャンスを一発でものにしている。この大一番で負けた自分は、そういうすごい選手にはなれないんだな、とすごく思った。そんな器ではないんだ、と。

その1週間後、世界のトップ選手が集まるスーパーシリーズファイナルへと向かったが、沈んでいたぼくの気持ちは試合になっても上がらなかった。高校2年生のインターハイ決勝で負けたときみたいに、まったくバドミントンに対してやる気がなくなっていた。

迎えた4人によるグループ予選の初戦。ぼくはやる気のないままコートに立ち、インドの選手に1－2で負けた。ただ適当にやっていただけだった。

試合後、会場からの帰りのバスのなかで、NTT東日本の松野修二監督（当時）からきつく叱られた。

「おまえの負けはひとりの負けじゃない。会社やいろんな人の気持ちを背負っているんだ。それなのに、適当に試合して負けるのか！」

温厚な松野監督が、ぼくを本気で怒るのは初めてのことだった。だからこそ、言葉が胸に刺さった。

心を入れ替えて

ぼくは、翌日の試合から心を入れ替えて試合に臨んだが、2勝1敗。得失点差で決勝トーナメントには上がれなかった。でも、松野監督のおかげでぼくの心には変化が生まれていた。

このままだと自分はだめになる――。

変わらなければいけないと強く思った。

これまでの怠惰な生活を変えるためには、自分で節制するのはもちろん、先輩の誘いを断ることも必要だった。飲みに誘われても「ちょっと、いいっす」とかわすようになった。

食事や生活改善にも取り組んだ。国立スポーツ科学センターの栄養士の方から指導を受けて、きちんと朝食をとるようになった。カップ麵や、スナック菓子などのジャンクフードをやめ、嫌いだった野菜も少しずつ食べられるようになった。

それまでのチーム内での練習は、「ある程度やっている」と言えるぐらいのものだった。日本代表で一年中海外を転々として、代表合宿も全力でやっていたので、たまにＮＴＴ東日本のチームに戻ったときは、あまり追い込んだ練習をやっていなかった。

しかし、年明けからは、チームに帰ってきてもハードな練習をするようになった。練習を欲していて、コーチに自分から特訓をお願いすることもあった。遠征時も、時間があれば走るようになった。練習に取り組む姿勢は、このときにがらっと変わったと思う。身体も自然と引き締まってきた。

生活や意識の変化は、結果にも表れはじめた。朝食を食べて体調を整え、走り込みでスタミナをつける。こうしたアスリートとして当たり前のことをきちんとこなすようになり、ぼくのパフォーマンスはさらに上がった。

2015年4月のスーパーシリーズ、シンガポール・オープンでは初優勝。そして、6月にはインドネシア・オープンで、前大会覇者のヤン・ウ・ヨルゲンセン（デンマーク）を決勝で破って2勝目。8月の世界選手権には第4シードとして出場し、銅メダルを獲得した。いずれも男子シングルスでは日本人初のことだった。

世界のトップへ

世界選手権のメダルをかけた準々決勝の相手は、14年アジア大会銅メダリストの魏楠（香港）だった。相手もネット際のプレーが得意な選手だ。それでもぼくは自信があったから、あえて後ろを捨てて、前に詰めて勝負した。結果は37分でストレート勝ち。狙いどおりの勝利だった。

続く準決勝では、当時世界ランキング1位で中国の諶龍（チェン・ロン）と対戦。9－21、15－21であっさり敗れた。これまでにも対戦したことはあったが、大舞台だからか諶龍の迫力はすごかった。チャレンジャーのつもりでがむしゃらにぶつかるつもりが、ミスを連発してしまい、ぼくは力を出し切れなかった。

それでも、確実に自信はついてきていた。世界ランキングも上位をキープしていて、15年4月に7位となり、6月には自己最高の4位、そして8月には世界選手権の銅メダルを受けて3位にまで上がった。

まだこれまでに勝てていない当時の3強、世界ランキング1位の諶龍、北京、ロンドンの金メダリストである林丹、北京、ロンドンの銀メダリストのリー・チョンウェイ。

彼らの背中が、確実に見えてきていた。

全日本総合、スーパーシリーズファイナル初優勝

全日本総合は、ぼくにとって、世界のどんな大きな大会よりも勝ちたいと思う特別な大会だ。だから、2015年の初優勝は本当にうれしかった。決勝の相手は、1年前と同じ佐々木翔さん。ぼくはその試合で、いわゆる〝ゾーン〟に入った。

1年前は、会場の緊迫した雰囲気に呑まれて相手のペースになり、ずるずると負けてしまっていた。だから、この日は絶対に会場の雰囲気に呑まれな

2015年の全日本総合では、
初の決勝進出を果たす

いぞ、という強い決意でコートに入った。

しかし、勝ちたいと強く意識しすぎたせいか、第1ゲームの入りは緊張していて、ぼくはがちがちだった。それで、相手に一時3－8とリードを許してしまう。だが、佐々木さんが2、3本ミスをしたのをきっかけに、ふっと力が抜けて身体が軽くなった。そこから8連続ポイントを取り、21－17の逆転で第1ゲームを制した。

第2ゲームに入ると、スイッチが入った。こっちに来るだろうなと思ったところにシャトルが飛んできて、ここに打ちたいなと思ったポイントに的確に打ち込むことができる。相手のコートが広く見えて、自分のコートは狭く見えた。

ラケットにシャトルが当たる感覚も、すべてが自分の思いどおり。初めて味わう不思議な感覚だった。そして無心で動いているうちに、あっという間に21－9で勝利した。あれほど気持ちよくプレーできたのは初めてだったし、

決勝戦では“ゾーン”に入り、すべてが自分の思いどおりになったという

それ以降〝ゾーン〟の感覚はまだ訪れていない。

そして、この優勝は大きな自信になった。当時のぼくは世界ランキング3位で、日本人1番手。翌年のリオデジャネイロオリンピックの出場は、ほぼ確実という状況だった。それでも、全日本総合で優勝して初めて、やっと日本のエースになれた気がした。

その日ぼくは、「リオで金メダルを狙いたい」と宣言した。その時点で金メダルを獲れる確信があったわけではない。あえての、ビッグマウスだ。世界の頂点にたどりつけるように、大きいことを口にして、自分で自分を鼓舞する狙いがあった。

全日本総合の勢いそのままで、すぐドバイで行われるスーパーシリーズファイナルへと向かった。1次リーグ3試合と、準決勝を勝ち上がり決勝へ。全日本決勝で敗れて、落ち込んだまま臨んだ1年前とは違い、ぼくには力がみなぎっていた。

もっとも思い入れのある大会、全日本総合で見事な初優勝を遂げた

決勝では、同年代でジュニア時代から競い合ってきた、ビクター・アクセルセン（デンマーク）と対戦。アクセルセンは194センチと高身長で、角度のあるショットを武器とする選手だ。手強いライバルだが、その日は自分の技術とスタミナが上回った。21－15、21－12でストレート勝ち。女子シングルスを制した同い年の奥原希望選手とともに、日本人初優勝を達成した。

「派手な生活をしたい」の真意

スーパーシリーズファイナルの帰国会見では、ぼくの発言が奔放だと注目を集めた。8万ドル、約960万円の優勝賞金の使い道を問われ、「まわりがわかるぐらい派手な生活をして、子どもたちが憧れるような見本になりたい」と話したからだ。

「賞金をめちゃくちゃ意識した。モチベーションじゃないですか」と決勝のアクセルセン戦の前に優勝賞金を狙っていたことも明かした。賛否両論あったが、ぼくとしては、ただ本心を話しただけだった。

いちアスリートである以上、お金を稼ぎたいと思うのは当然だ。そして、バドミントンは野球、サッカー、テニスなど世界のメジャー競技と比べて賞金が圧倒的に低い。だから、なおさらバドミントンをもっとメジャーにしたい、お金を稼いでいい生活をしたい、という気持ちは強かった。

このころのぼくは、髪を茶色や金色に染め、ネックレスや指輪などのシルバーアクセサリーも身につけていた。もともとキラキラしたものや、おしゃれも大好きだ。外見を派手にして、ビッグマウスを続けることで、バドミントンにより注目してもらえると思っていた。

当時ぼくが憧れていたのは、サッカーのブラジル代表のネイマール選手。

陽気な雰囲気とプレーが派手でかっこいいのはもちろん、見た目も生活も華やかだった。いつか、名実ともにネイマール選手のようなスーパースターになりたいとぼくは思っていた。

5年ぶりに富岡へ

リオデジャネイロオリンピックを半年後に控えた2月8日、ぼくはあるテレビ番組の企画で、第二の故郷である福島県富岡町に帰った。町に足を踏み入れるのは、２０１１年3月11日の東日本大震災以来初めてで、約5年ぶりのことだった。

町のなかは、時が止まっていた。富岡中、高のバドミントン部専用体育館は、ネットが張られたままだった。天井の照明は、いくつも落ちていた。高校の教室に入ると、ロッカーのなかの荷物がぐちゃぐちゃになっていて、予想以上にボロボロだった。

震災が起こったとき、ぼくは富岡町ではなく、武者修行先のインドネシアにいた。だからこそ、その有り様を見て、あらためて震災の大きさを実感した。懐かしさを感じるより、ただただ悲しかった。

あれから5年経っても復興が進まない現状を目にして、ぼくはお世話になった富岡町、福島県の人たちに恩返しをしたいと思いを新たにした。

〝富岡中、高出身の桃田賢斗〟が活躍することで、日本国内だけではなく、世界中の人たちが被災地に目を向けてくれるかもしれない。まだまだ満足な生活ができていない人や、いまでもつらい思いをしている人たちのために、ぼくが力になれるかもしれない。だからこそ、もっともっと強くなろう、がんばろうと思った。

プロ野球始球式

オリンピックのメダリスト候補として、ぼくはさまざまなメディアに取り上げられて、注目してもらえるようになった。

2016年3月25日には、東京ドームでプロ野球の開幕戦、巨人対ヤクルトの始球式を務めさせてもらった。着用した巨人のユニホームの背番号は、東京オリンピックにちなんで「2020」。ソフトボールをしていた小学生以来、久しぶりに立つマウンドだった。

思っていたより打者の方がベースに近く構えていたから、思いっきり投げたら当てちゃうかもしれないかな、とアウトコースに投げた。結果、外角低めのストレートが決まった。ぼくが予想以上にいい球を投げたからか、投げ終わると、満員の東京ドーム全体から「おぉー！」と大きな歓声をもらった。

バドミントンでは、競技場にどれだけ人が集まっても3000人ぐらいだ。でも、そのときの東京ドームは開幕戦で、観衆は約5万人。「おぉー！」という大歓声を浴びたときは、ものすごく痺れた。メジャー競技である野球とバドミントンの差はまだまだある。でも、いつかバドミントンでもこういう状況をつくれたらいいなと思った。

ちなみに小学生のころ、同じ左打者として憧れていたのが、16年当時の監督である高橋由伸さんだった。始球式のあとであいさつに行くと、高橋監督から「がんばってね」と声をかけられて、感激したのを覚えている。

その日の始球式には、両親も見にきてくれていた。少し経ってから家族と食事した際に、父は「まさか自分の子どもが、本当にプロ野球のマウンドに上がるとは思ってもいなかった。うれしかった」と言っていた。ただ、父は根っからの阪神ファンだ。ぼくが巨人のユニホームを着ていたのだけは、嫌だったらしい。

リオオリンピックへの階段

リオオリンピック出場をかけたポイントレースは、15年5月から16年4月末までの1年間だ。出場枠をぎりぎりで狙っている選手はもちろん、出場確実な選手も、ポイントが上位であればオリンピック本番で優位な組み合わせになるから、最後まで力は抜けない。

ぼくは世界ランキング3位で出場はほぼ確実。それでも、再び始まったスーパーシリーズで着実に結果を積み上げた。3月の伝統ある大会、全英オープンではベスト8止まりだったが、3月末からのインド・オープンでは決勝でライバル、アクセルセンを破って優勝。これで、世界ランキングは自己最高を更新する2位となった。

そして、そのままマレーシア・オープンへと転戦した。その遠征地マレーシアで、ぼくの携帯電話に、知らない番号から電話がかかってきた。

「桃田選手でしょうか?」

その電話をきっかけに、一瞬でぼくの人生は暗転することになる。

第四章

復活までの日々

緊急帰国

知らない番号から電話がかかってきたのは、2016年4月6日、マレーシア・オープン2回戦の試合の日だった。

午後の試合に向けてジムで身体を動かしているとき、突然携帯電話が鳴った。出てみると、相手はある媒体の記者だった。「会って、話をしたいのですが……」と切り出され、ぼくと田児さんがギャンブルの店に出入りしていた記事を出す予定であることを告げられた。

突然のことで驚いたし、ぼくにはほとんど脅迫のように聞こえた。ただただ、怖かった。それから、どういう経緯で記事が世間に出たのかはわからない。そう時間が経たないうちに、日本代表のスタッフに呼ばれて、日本で記事が出たことを伝えられた。

ギャンブルをやめて、1年半ほどが経っていた。それでも、事実には違いない。スタッフにはそのことを認め、ぼくは田児さんと一緒に、急きょ帰国することになった。

いったい、自分の身に何が起きているのか……。

頭のなかが混乱した状態のまま、ぼくたちは日本へと向かった。

成田空港に着いたのは、日本時間の4月7日午前8時ごろ。車で東京・初台にある本社へと向かった。そのまま、すぐに社員の方たちによる内部調査が始まった。掲載された記事の事実確認や、ギャンブルに関するさまざまなことを質問された。

ぼくはただ、これからはもうバドミントンができなくなるのかな……と漠然と考えていた。

翌日、ぼくたちは会見に出席した。

「このような事態を招いてしまい、本当にすみませんでした。いままで育ててくれた方々や福島県の方々、香川県のみなさまを裏切ることになってしまい、深く反省しています。本当にすみませんでした」

冒頭、ぼくはそう話し、頭を下げた。自分がこれからどうなるのか、不安な気持ちはもちろんあった。だが、何よりも、これまでぼくを支えてくれた人たちへの申し訳なさと恥ずかしさでいっぱいだった。自分のしてしまったことを悔いた。

会見では、さまざまな質問を受けて、すべて正直に、素直に答えた。ただ、あのときはほぼ放心状態で、何をどう答えたか詳しく覚えていない。こちらに向けられたカメラのフラッシュの光が会見中、ずっとぼくを照らしていた。すごく眩しかったけど、呆然としていて感情がなかったというか、虚ろな状態だった。

約1時間の会見の最後、隣に座っていた田児さんは「桃田にもう一度、チャンスを与えてやってください。お願いします。すみませんでした」と語りながら涙を流していた。ありがたい限りの言葉だが、それを聞いても、ぼくの心は動かないほどの放心状態だった。「チャンスを」といっても、このときのぼくは、何をどうがんばっていいのかわからなかった。

温かく迎えてくれた家族

会見2日後の4月10日、日本バドミントン協会からの処分が決まった。ぼくは日本代表の指定を解除され、無期限の競技会出場停止処分となった。無期限の競技会出場停止とは、国内外の試合に一切出られなくなることを意味する。リオデジャネイロオリンピックの出場は、この時点で消滅した。

だが〝無期限〟とは、今後一切試合ができなくなるということではなく、ぼく自身の今後の態度によって、将来解除される可能性も含んでいた。

ただ、当時のぼくは何も先のことは考えられなかった。

バドミントンをやりたい、という前向きな気持ちにもなれなかった。

一方、田児さんの処分は、無期限の登録抹消と決まった。登録抹消とは、日本バドミントン協会の会員登録を外れることを意味する。選手として、世界バドミントン連盟（ＢＷＦ）や日本バドミントン協会公認の試合に出場できないだけではなく、国内でバドミントンの指導や審判をすることも許されない厳しいものだった。

翌４月11日には、ＮＴＴ東日本の処分も決定した。ぼくは30日間の出勤停止。田児さんは解雇。バドミントン部は半年間の対外活動自粛となった。

処分の身となったぼくは、ひっそりと香川の実家に帰った。

家族はぼくを温かく迎え入れてくれた。誰も、何も聞こうとはしなかった。

いままでと変わらない、いつもの感じ。ぼくが普通に生活できるようにふるまってくれたことが、うれしかった。みんなで雑談しながら朝ご飯を食べている時間とか、いつも以上にみんなが優しく感じた。

あれだけ大きく報じられたから、当然地元の人たちの目も気になった。だから、ほとんど家の外には出ることができなかった。自分の部屋にはラケットがたくさんあるので、手に持ったりはしたが、振ろうという気にはまだなれなかった。

泣きそうになった父の言葉

ずっと家のなかにこもっているぼくを気づかって、母や姉は、夜中に夜景が見える山の上などへドライブに連れて行ってくれた。

帽子をかぶって、マスクをして、人に見られないよう気をつけながらの外出。コンビニやコーヒーショップで、母と姉は「なかに一緒に行く?」と誘ってくれたが、断って車の中で待っていた。

謹慎中の1カ月間は、身を隠したつらい状況ではあったが、家族のおかげで穏やかに過ごすことができた。もしその期間、家族からバーッといろんなことを言われていたら、もういいやって、バドミントンをやめていたと思う。

本当に、家族の存在がありがたかった。何も言われなかったからこそ、反省してがんばろうと思えた気がする。

1カ月間も実家にいたからか、家のまわりを走ったり、リビングでヘアピンショットの練習をしたりしていた小学生のころの思い出もよみがえった。それもあってか、東京に戻って練習を再開できたら、ちゃんと走ろうと心に決めていた。

会社の出勤停止処分が終わる5月末、父が運転する車で香川から東京へ戻った。ぼくは助手席で、母が後部座席。3人で約7時間かけて移動した。東京の寮に着き、みんなで車から降りて、ぼくの寮の部屋へと両親は荷物を運んでくれた。部屋で軽く雑談をしたあと、帰り際に父がおもむろにこう切り出した。

「やってしまったことは仕方ないから」

「反省して、また一からがんばれ」

ぼくが起こしたことについて触れたのは、それが初めてのことだった。ぼくは父の言葉に泣きそうになったけど、そこはぐっとこらえた。そばにいた母は、黙ってぼくを見守ってくれていた。

このとき、親のありがたみというものを心の底から感じた。

練習再開

5月31日、ぼくはスーツに身を包み、朝9時に初台のNTT東日本の本社に出勤した。

あいさつまわりをしたあと、今後の予定を話し合った。そして、夜になると千葉の練習体育館へ行き、久しぶりにチームの練習に合流した。約1カ月半ぶりに会うチームメイトのみんなは、冷たい目で見るでもなく、何事もなかったかのように接してくれた。その、いつもどおりの感じがすごくありがたかった。

この日、約2カ月ぶりにちゃんとラケットを握った。バドミントンを始めてから、こんなに長い期間休んだことはなかった。

練習着に着替え、みんなと軽く打ち合う。思っていたより全然動けないし、打てなかった。力が衰えているのを実感した。コントロールがまったくできないし、ちょっと打っただけでも肩が痛くなる。ヘアピンなんて、もうまったくできなくなっていた。

それでも、ぼくはバドミントンができる喜びを噛みしめた。シャトルを打っているだけで、ただただ楽しかった。自分は本当にバドミントンが好きなんだな、と思った。

それまで、バドミントンは当たり前のようにぼくのそばにあった。でも、試合ができなくなり、それでもプレーができる環境を与えてもらっていることがありがたく思えた。バドミントンを好きな気持ち。バドミントンをやらせてもらえていることへの感謝。その日感じた思いは、いまでもぼくの心にずっと残り続けている。

何日か経ってからだろうか、須賀監督はぼくに「いまでも、バドミントンは好きか?」と聞いてきた。
ぼくは「大好きです」と答えた。

ひたすら走る

復帰後、ぼくは心に決めていたとおり、とにかく走るようになった。朝の練習前、昼休み、練習後など時間はその日によって変わるが、体育館のランニングマシンを使って、毎日練習プラス最低30分は絶対に走るようにした。できるときは1時間走ることもあった。

そのうち、72、3キロあった体重は、68キロぐらいにまで減った。身体が絞れてきたことで、だんだん動ける手応えも感じるようになった。

なぜ、嫌いだったランニングを毎日欠かさず続けられたのか？

それは、やっぱり、いつか試合に出ることを夢見ていたからだ。試合に出られる日が、いつになるかはわからない。それでも、バドミントンをやらせてもらっている限りは、コートに戻りたい。そのときには、以前よりも強くなって戻りたいという気持ちがあった。だから、苦手な走り込みに無心に取り組むことができた。

また、専門のトレーナーさんに見てもらい、筋肉トレーニングも始めた。普段のチーム練習に加え、ランニングと筋トレもやるのは正直きつい。それでも、毎日できるところまでやろうと思っていた。

いつか自分の成長した姿を見せることが、支えてくれるまわりの人たちへの何よりの恩返しになると、ぼくは信じていた。

リー・チョンウェイの言葉

この試合出場停止期間中、あるレジェンドの言葉が励みになった。

2016年9月、毎年日本で開催されるヨネックス・ジャパン・オープンに、北京、ロンドン、リオオリンピック3大会連続銀メダリストのリー・チョンウェイが参戦し、六度目の優勝を果たした。その優勝会見の席で、チョンウェイがぼくに対して、励ましの言葉をかけてくれたのだ。

チョンウェイは、2015年にドーピングで8カ月の試合出場停止処分を受けたことがあった。その経験を踏まえて、ぼくに対して何か話せることはあるかと尋ねられて、こう答えていた。

「自分は8カ月試合に出られなかった間、より強くなって復帰できるように努力してきた。彼にも前より強くなって帰ってきてほしい。彼はまだ若い。100%正しい道を歩める人間はいない。間違いを犯したのなら、それに気づき、自分を変化させて、強い人間になれればいい」

チョンウェイはぼくの憧れの選手だ。たまたま何かの記事を読んでそのコメントを目にして、本当にありがたく感じた。この先どうなるのか道は見えない。それでも、自分自身を変えて、もっと強くなれ、というチョンウェイの言葉が、ぼくの背中を押してくれた。

会社での初仕事で学んだこと

復帰後、ぼくはほぼ毎日初台の本社に通い、昼間は事務作業に取り組むことになった。２０１３年に入社してからは、ほとんどバドミントン漬けの生活。スーツを着て、バドミントン部以外の社員の方々と仕事をするのは、これが初めてのことだった。この経験は、本当に勉強になった。

ぼくができることは少なかったけれど、とにかく目の前の仕事に懸命に取り組んだ。いままで扱ったことのないワード、エクセルを使ってデータを打ち込んだり、会議の資料をつくったり……。慣れないぼくにとっては、一つひとつの仕事をこなすだけでも大変だった。

それまでは社員であるにもかかわらず、ＮＴＴ東日本がどんな会社なのか、そのなかで働いている人がどういった仕事をしているのか、まったく知らなかった。

仕事には、地道な作業が多い。でも、日々そういった仕事に取り組む社員の人たちがいるからこそ、バドミントン部が成り立っている。そういう人たちのおかげで、ぼくらはバドミントンをやらせてもらえている。いままで気にも留めていなかった、そうしたことを一から学ばせてもらった。

仕事を終えて、練習に向かうときには、いつも一緒に働いている先輩たちが「がんばれ」とか何かしら声をかけて送り出してくれた。本当にありがたかった。

バドミントン教室

この期間、ぼくは部の恒例行事であるバドミントン教室で、東日本の各地を回った。２０１６年は10月23日の新潟が最初で、そこから年をまたいで長野、神奈川と続き、２０１７年2月17日には福島でも行われた。

第二の故郷である福島に行けるのは、うれしいのと同時に怖くもあった。

福島の方々の期待を裏切ってしまったという気持ちがあり、自分をどのように迎えてくれるのか、とても不安だった。最悪、保護者の方々に「あんな人に、自分の子どもを見てもらいたくない」ぐらいまで言われても仕方ないと思っていた。

でも、いざ行ってみると、そんなことは一切なかった。小学校から高校生まで100人以上の子どもたちが、ぼくのことをいちバドミントンプレーヤーとして歓迎してくれた。それだけじゃなく、保護者のみなさんの多くが「がんばってください」とぼくに声をかけてくれた。高校生とエキシビションマッチをする場面では、ぼくのプレーでみんながすごく沸いて、楽しそうにしてくれていて、うれしかった。

処分を受けている状態でも、ぼくのことを慕ってくれるのが本当にありがたいなと感じたし、みんなの期待にまた応えられるようにがんばりたいと心から思えた。

どの場所に行っても、子どもたちと一緒にプレーできるのはすごく楽しかった。一緒にネットを張ったり、シャトル拾いをしたり、ラリーをしたりすることで、ぼくもバドミントンという競技の楽しさを再確認できた気がした。バドミントン教室はチームの社会貢献活動のひとつだが、そのときのぼくにとっては本当に貴重で大切な時間だった。

処分解除

香川から東京に戻った2016年5月末以降、ぼくは月に一度、須賀監督と面談をしていた。2017年1月の面談では、今年の目標を聞かれた。

そこでぼくが挙げた目標はふたつ。

ひとつは、バドミントン教室を通して、子どもたちにバドミントンの楽しさを伝えること。そしてもうひとつは、国内トップリーグであるS／Jリーグに出場するメンバーの力になる、ということだった。

もちろん、早く試合に出られるようになりたいという気持ちはあった。でも、それは自分の力ではどうにもならない。それよりも、自分のまわりにいる子どもたちや、支えてくれるチームメイトのために全力を尽くすことが、いま自分がやるべきことだと思っていた。

そういう心持ちで、じっと処分が解かれる日を待つつもりだったが、3月12日の日本バドミントン協会の理事会において、5月15日付で無期限試合出場停止処分を解除することが決まった。

NTT東日本が報告していたぼくの日常の態度が、十分に反省していると認められたとのことだった。この日の練習後に、須賀監督から処分解除を伝え聞き、その後すぐに練習場の体育館で会見をさせてもらうことになった。

1年ぶりの会見

公の場でぼくが話をするのは、2016年4月の謝罪会見以来、約1年ぶりのことだった。まずは、関わった多くの方々、さらに世間のみなさまにきちんとあいさつをしなければならないと思った。

「このたびは、多くのみなさまにご迷惑とご心配をおかけして、深くお詫び申し上げます。昨年4月に不祥事を起こし、世間のみなさまに与えた影響を痛感して深く反省しています。バドミントンを続ける環境をつくっていただいて、心から感謝しています。今後は、このようなことを二度と起こさないように、社会人として、スポーツマンとして、責任ある行動を取って信頼回復に努め、真摯《しんし》にバドミントンに取り組んでいきたいです」

そう話して、頭を下げた。

「スポーツマンは、人として成長しないと、本当のトップにはなれないと思います」

ぼくは、ほとんど自分に言い聞かせるように、質問にそう答えていた。

第五章　復帰からの進化

緊張した復帰戦

処分解除から1週間後の２０１７年5月27日。前年のマレーシア・オープン以来、ぼくは４１６日ぶりとなる復帰戦を迎えた。

その舞台は、日本ランキングサーキット大会。前夜は緊張でドキドキして、12時を過ぎてもなかなか寝つけないほどだった。

会場のさいたま市記念総合体育館には、想像していたよりもずいぶん多くの報道陣の方が詰めかけていた。ぼくの復帰戦が目当てであることは、十分にわかっている。

それでも、ユニホームを着て、いざコートに入った瞬間、たくさんの視線とカメラが一斉にぼくのほうに向くのを感じて、一気に緊張してしまった。

とにかく、自分がどう見られているかが気になる。

ふざけているように見えないか……。

反省していないように見えないか……。

ぼくは、もともとまわりのことを気にしないタイプだ。だから自分自身、「らしくない」自分に驚いていた。いままでに感じたことのないような複雑な気持ちで、ぼくは試合に臨んでいた。

涙の優勝

初戦の相手は、社会人チーム所属の和田周さん（当時JTEKT）。結果は21－7、21－8でストレート勝ち。だが、正直に言って、試合の内容はあ

2017年、日本ランキングサーキット大会で416日ぶりとなる実戦復帰

まり覚えていない。試合時間も27分と短かったが、とにかく最後までぼくは必死だった。

点差だけ見れば離れているが、気持ちの余裕はまったくなくて、いっぱいいっぱいだった。日々のランニングと筋トレで、フィジカルが強くなった自信はあったが、実戦から遠ざかっていたぶん、試合中に相手がどう動くのか、自分のプレーがどこまで通用するのかが、うまくつかめない。手探りのまま、あっという間に試合が終わった感じだった。

ぼくがポイントを決めるたびに、「おぉーっ」という歓声が上がる。無我夢中の復帰戦のなか、耳に入ってくる拍手と応援が力になった。家族や、お世話になったNTT東日本の人たちが応援に来てくれていたのも心強かった。多くの人たちに支えられて、コートに戻ってくることができたんだということを、ぼくは強く実感していた。

そのあとは順調に勝ち進み、決勝へ。相手は当時日本代表の上田拓馬さん

（当時日本ユニシス）だった。第1ゲームを21－13で先取したが、第2ゲームは上田さんのスピードアップについていけず、14－21。ここまでの5試合で初めてゲームを落とした。

そして、最終ゲームは競り合う展開となった。16－18とあと3点取られれば負けるところまで追い詰められたが、上田さんのミスをきっかけに4連続ポイントで逆転。最後は上田さんのショットがラインを越え、なんとか勝つことができた。

勝利の瞬間、ぼくは力が抜けてコートにうずくまった。つらかったこと、そのなかで支えてくれた人たちがいたこと、これまでのいろんな思いが重なり、自然と涙が流れてきた。

ブランク明けで5試合を戦い抜くことは、想像以上に精神的にも肉体的にもきつかった。何度も心が折れそうになるなかで優勝できたのは、自分を支えてくれた人たちへの感謝の気持ちがあったからだ。自然とその人たちの顔

勝利の瞬間は、いろんな思いが重なって自然と涙が流れてきたという

が頭に浮かぶ。だから、ぼくはあきらめるわけにはいかなかった。
試合のあとは、感情が溢れ出て、しばらく涙が止まらなかった。

久しぶりの海外遠征

日本代表以外の選手が国際大会に出るためには、前年の全日本総合選手権に出場していなければならない。いったん代表から外れ、前年の全日本にも出ていないぼくには資格がなかったが、日本バドミントン協会が自費での国際大会参加を特別に認めてくれた。

復帰戦のあと、7月はじめの全日本実業団選手権を経て、久しぶりの国際試合であるカナダ・オープンへ。ずっと海外の選手と試合がしたかったので、本当にワクワクした気分だった。

試合自体にも、すごく集中できた。正直なところ、ここまでの日本での試合は、自分がどう見られているのか、自分のふるまいを気にするあまり、動きが硬くて試合に集中できていなかった。だけど、海外だとカメラの数が圧倒的に少ない。

それだけで少し気分が楽になり、久しぶりにのびのびとプレーすることができた。

決勝は、ふたつ年下の常山幹太選手（トナミ運輸）との日本人対決。だが競り合った末、1－2で負けた。常山選手の試合運びは巧みだった。ラリーが続く展開で、ぼくがポイントを決めようと思っても、うまく攻撃に持ち込めない。

厳しい展開で心身ともに消耗し、終盤は動けなくなるぐらいきつかった。最後は粘り負け。相手のほうが一枚上手だった。これが、復帰してから18試合目での初めての黒星。フィジカルの強さだけでは、やっぱり勝てない。いろんなことを考え、学ばせてくれた一戦だった。

2年ぶりの全日本総合

復帰してから国内大会4つ、国際大会6つに出場したあと、2017年12月に2年ぶりの全日本総合選手権を迎えた。ここで決勝に進出すれば、2年ぶりの日本A代表復帰が決まる。

大会前、須賀監督はぼくに「まわりの方々は、十分に桃田の感謝の気持ちを感じてくれている。だから、もっと声を出して、桃田らしいプレーをしていいんだぞ」と声をかけてくれた。

その言葉を胸に、自分も思い切ったプレーをするつもりでいたが、ここでもまたまわりの目が気になってしまった。国内最高峰の大会とあって、報道陣も観客の数も多い。すごく見られている感じがあって、ずっと緊張しっぱなしだった。

そんな不安定な気持ちだったからか、初戦から苦戦した。相手はインカレベスト8の猪熊心太朗選手。第1ゲームの序盤。手が震えてラケットにうまくシャトルを当てられず、痛恨のサーブミス。空回りしたまま、第1ゲームを15－21で取られた。やっと自分を取り戻したのは、第2ゲームでリードされてからだった。開き直って集中し、なんとか逆転勝利することができた。

だが、2日後の準々決勝では、武下利一選手（当時トナミ運輸）に0－2のストレートであっさり負けてしまった。実戦感覚を取り戻しつつあったが、まだ縮こまっていて思い切ったプレーができない。力不足をあらためて感じる結果となった。

日本A代表復帰

2年ぶりの全日本総合は、ベスト8止まりで終わってしまった。それでも、日本バドミントン協会の推薦で、2018年度の日本A代表に選んでもらった。本来は決勝進出が条件だったが、復帰後の61勝2敗という成績と試合内容が考慮されたという。

特例で選んでもらい、ありがたいと思うと同時に、期待に応えなくてはとさらに気が引き締まった。ぼくが少し後ろめたい気持ちを感じていたのを察してか、須賀監督は「桃田は、A代表にいる資格があると胸を張って言える」と背中を押してくれた。ありがたい一言だった。

代表活動への復帰は、年明け1月5日からの高知での代表合宿だった。そこで、山道を走る特訓では、まさかのトップ。前に代表だったときには、走るメニューだといつもぼくは最後のほうだった。きついと思ったらあきらめて、力を抜いていた。だが、ここまでの約2年間、毎日欠かさず走ってきたことで、いつの間にか脚力、持久力はもちろん、忍耐力もついていた。きつい山道を走りながら、その成長を実感できた。

ただ、この合宿中にがんばりすぎて、左足首を痛めてしまった。出場予定だったマレーシア、インドネシア・マスターズは欠場し、国際大会での代表再デビューは1カ月遅れることになった。

実戦に復帰して以降、ずっと気になっていた周囲の目が気にならなくなったのは、A代表に復帰してからだ。A代表には、リオデジャネイロオリンピックで金メダルを獲得した女子ダブルスの髙橋礼華選手、松友美佐紀選手や、女子シングルス銅メダルの奥原希望選手ら、世界のトップで活躍する選手がたくさんいる。久しぶりに彼ら、彼女らと一緒に練習して、みんなの高い意識に刺激を受けた。

誰もが必死だった。代表合宿でみんなが練習に打ち込む姿を見て、自分もなりふり構わず必死でやらないといけないと思った。世界のトップで戦っていくためには、まわりを気にしている余裕などない。日本代表として活動し、国際大会の経験を重ねるなかで、自然とぼくの意識は変わっていった。

憧れのレジェンドに勝利

左足首のけがが癒えた2月から、再び日の丸を胸に戦う日々が始まった。そのなかで、大きなターニングポイントとなったのが、2018年4月のアジア選手権での優勝だった。

アジア選手権は世界ランキングのポイントが高く、アジア各国の強豪選手が集まる大会だ。そこでぼくは、強敵揃いの死のトーナメントに入った。

2回戦では、直前に行われた3月の全英オープンを制した中国のホープ石宇奇（シーユーチー）といきなり激突する。試合はファイナルゲームまでもつれたが、2－1でなんとか勝つことができた。

準々決勝では台湾のエース周天成（チョウ・ティエンチェン）を破り、準決勝で待っていたのは、オリンピック3大会連続銀メダルのマレーシアのレジェンド、リー・チョンウェイ。2014年に全英オープンで初対戦して敗れて以来、4年ぶり二度目の対戦だった。

初対戦のときは、フワフワした状態のまま、あっさりとストレートで負けてしまったが、この日は違った。足が動き、ネット前のプレーも冴えた。しっかりと自分のプレーを貫き、2－0のストレートで勝利することができた。

チョンウェイは、中学生のときからずっとぼくが憧れ、背中を追い続けてきた選手だ。前年のジャパン・オープンでチョンウェイが優勝したときには、会見のなかで処分中のぼくに対して、「100%正しい道を歩める人間はいない。間違いを犯したのなら、それに気づき、自分を変化させ、さらに強くなって帰ってきてほしい」とエールも送ってくれていた。

そんな偉大な存在の彼に勝てたことはうれしかったし、ぼくのなかでは本当に大きな自信となった。

オリンピック金メダリストを倒しての優勝

アジア選手権、決勝の相手は、リオデジャネイロオリンピック金メダリストの諶龍。それまで四度対戦し、1ゲームも取れたことがなかった。

だが結果は、21-17、21-13のストレート勝ち。チャレンジャーとして無心で向かっていったのがよかったのかもしれない。終始冷静に、そしてときに果敢に攻めることができた。

大きな壁だった諶龍に初めて勝てた喜びはもちろんあったが、何よりやっと堂々とプレーできるようになったことがうれしかった。

トップ選手たちが集まるこの大会で、自分がどれくらいできるのか、ぼくのなかには少なからず不安があった。でも厳しい5試合を勝ち抜くことで、自分のフィジカルとテクニックがやっと噛み合ってきたのを感じた。

復帰からしばらくの間、ぼくはおとなしい、無難なプレーにとどまってしまっていた。リスクを避けて、ネット前に飛び出して勝負することをしていなかった。

でも、やっぱり自分の誇れる武器はネット前の攻撃だ。アジア選手権では、思い切って前に飛び出したり、得意のヘアピンショットを決めたりすることもできた。強い相手に必死に食らいついて勝てたことで、自分らしいプレーをようやく取り戻すことができたように思えた。

けがを隠して臨んだ世界選手権

そして2018年8月、3年ぶりに出場した世界選手権でぼくは初優勝した。世界選手権での金メダルは、バドミントンの全種目を通じて日本人で初めてのことだった。

大会が終わるまでひた隠しにしてきたが、実は大会直前の練習中にぼくは腹筋を痛めていた。痛みがあるので、全力のスマッシュが打てない。なんで桃田はスマッシュを打たないのだろう、と不思議に思いながら見ていた人も多かったと思う。痛み止めを飲みながらの戦い。ぼくはしっかりと守備を固めて、チャンスを待つしかなかった。

攻めたくても思うようにいかない。ややもやする場面が何度もあった。それでも、ぐっと我慢した。幸い、走り込みのおかげでスタミナには自信がある。攻撃ができないぶん、しっかり足を動かしてラリーに持ち込み、相手にプレッシャーをかける。いつもとは違う戦い方で勝ち上がっていけたのは、新たな自信にもつながった。

決勝は地元中国の石宇奇。アウェーの雰囲気のなか、かえってぼくの集中力は研ぎ澄まされた。第1ゲームはラリー勝負に持ち込み、粘りに粘って先取。第2ゲームでは痛みを忘れて、これまでの5戦で封印していた全力のスマッシュを打ち込んだ。

6試合目で身体はほぼ限界だった。試合のなかで、もうシャトルを追いたくない、楽になりたいと何度も思った。それでも、負けたくはない。必死に足を動かし、最後は相手のミスで勝負が決まった。

コートの上でぼくは、ユニホームの左胸元の日の丸マークにキスをした。少しキザだったかもしれないが、再びぼくにチャンスを与えてくれた日本のみなさんに感謝の思いを伝えたかった。

スーパースターと最大のライバルに勝利

バドミントン界で権威ある大会といえば、オリンピック、世界選手権、全英オープンの3つだ。だけど、ぼくがとくに大事に思っている大会は違う。それは、全日本総合選手権と、ジャパン・オープンのふたつだ。

理由はうまく説明できないけれど、日本で行われるこの2大会はぼくにとって特別な存在だ。もっとも勝ちたい大会といってもいい。だから、3年ぶりに出場したジャパン・オープンの初優勝は心からうれしかった。

正直に言うと、この1カ月前に行われた世界選手権よりも、ぼくは気合が入っていた。それに、痛めていた腹筋も治り、本調子で臨むことができた。準々決勝では、中国のスーパースター、林丹と対戦した。2015年の全英オープンで負けて以来の対戦。久しぶりにコートで向かい合うと、やっぱりなんともいえないオーラを感じた。

3年前より強くなった自分が、どれだけ勝負できるのか。緊張するどころか、ワクワクする気持ちでいっぱいだった。結果はストレート勝ち。ずっと憧れ続けた林丹に勝つことができて達成感はあったが、どこか寂しさもあった。林丹に対する尊敬の念に変わりはないが、背中を追う存在ではなくなりつつあると感じたからなのかもしれない。

そして、準決勝の相手は、当時の世界ランキング1位で同い年のライバル、ビクター・アクセルセン。

試合に出られない期間、実はずっと彼のことを意識していた。自分がいない間、アクセルセンは勝利を重ね、リオデジャネイロオリンピックでは銅メダルを獲得した。このまま、置いていかれたくない。嫌いだった走り込みをずっとがんばって続けてこられたのも、成長し続けるアクセルセンの存在があったことも大きな理由のひとつだった。

試合は終始競り合う展開となったが、相手の攻撃を粘り強く拾って流れをつかんで、ストレート勝ち。彼に勝って決勝に進めたことで、さらに自信が深まった。

感極まったジャパン・オープン

ジャパン・オープンの会場の調布市武蔵の森総合スポーツプラザは、2020年東京オリンピックのバドミントン会場としても使われる新しい体育館だ。この年のジャパン・オープンは、いままでにないかっこいいライトアップのなかで行われ、客席は連日満員だった。最終日も約6000人のファンが客席を埋めていた。そのなかには、実家の香川から来たぼくの家族や、所属するNTT東日本の方々の応援団もいた。

ここまできたら、負けるわけにはいかない。

ダークホースとして勝ち上がったタイのコシット・フェトラタブとの決勝では、気持ちが入りすぎていたのか、サーブを打つ手が震えた。だが、プレーしている間に、桃田コールと大歓声が何度もぼくの耳に届く。それが何より力となった。

最後はスマッシュを決めて、２－０のストレートでの勝利。あまりのうれしさに感極まり、緊張が解けたせいもあって、ぼくはコートにしゃがみ込むように倒れた。

ジャパン・オープンは、世界のトップ選手の試合を間近で見られる国内唯一の大会だ。そこで、多くのみなさんにぼくが元気で戦う姿を見せられたことは、何よりの喜びだった。

かつての自分が、海外の選手のプレーを憧れのまなざしで見ていたように、ぼくが必死でシャトルを追いかける姿を見て、がんばろうと思ってくれる人がいるかもしれない。そんな思いを再確認できた大会でもあった。

まだこのとき、東京オリンピックのことは、強く意識していたわけではなかった。でも、ジャパン・オープンを勝てたことで、この会場とは相性がいいのかな、とぼくのなかに良いイメージが膨らんだ。

日本男子初の世界ランキング1位

2016年4月の時点で、ぼくの世界ランキングは自身最高の2位まで上がっていた。だが、そのポイントはいったんゼロとなり、桃田賢斗の名前はランキングから消えた。

名前が復活したのは、国際試合に復帰した2017年7月のカナダ・オープンの翌週。282位からの再スタートだった。そこから約1年2カ月。2018年9月27日付のランキングで、日本男子では初となる1位となった。狙っていたわけではないし、うれしくないわけでもないけど、目の前にある試合を重ねていったら、いつの間にか1位になっていたという感じだ。

いままで自分が見てきた世界ランキング1位の選手、例えば林丹とか、リー・チョンウェイは、圧倒的な強さを持っていた。それにどの会場に行っても応援されるようなスター性、人を魅了する何かがあった。

だから、いざ自分が1位になってみると、こんなぼくでいいのかなっていうのが正直な気持ちだった。

プレーでも足りないところがまだまだあるし、人間性というか、誰からも認められるような内面的な部分も、まだ自分は1位にはそぐわないような気がした。

いま現在の〝1位〟は、単なる数字にすぎない。世界ランキング1位になったことで、これから先、それにふさわしい選手、ふさわしい人間になりたいと強く思った。

3年ぶりの日本一

2018年12月、復帰してから二度目の全日本総合選手権は、1年前とはまったく違う気持ちで臨むことができた。まわりの目を気にしていたあのころとは違って、世界で戦い、勝ってきた自信と経験がある。いつもどおり、試合に集中するだけだった。

決勝の相手は、いつも日本代表として一緒に海外を転戦している西本拳太選手（当時トナミ運輸、現岐阜県バドミントン協会）だった。ぼくが第1ゲームを取ったあと、第2ゲームは西本選手の勢いに呑まれて落としてしまったが、焦りはなかった。

ファイナルゲームは最初から飛ばして、ぼくが引き離す。最後は甘く入っ

2018年の全日本総合は、世界で戦い勝ってきた自信と経験で臨んだ

たロブに飛びついて、相手コートにシャトルを叩きつけて勝利。思わずガッツポーズと声が出た。

1年前は、自分のふるまいがどう見られているかが気になり、コート上で喜びを表現することを無意識におさえてしまっていた。でも、そうやって気持ちをおさえることで、自分のプレーもできなくなる。

喜びの感情をおさえることは間違いだ。伝えたい感謝の気持ちは、プレーと結果で表現することができる。1年間の代表生活を経て自信をつけたことで、やっとそう思えるようになった。

3年ぶりの優勝という結果で、感謝の気持ちを伝えることができたという

全英オープン初優勝

２０１９年3月、ぼくは全英オープンというビッグタイトルを初めて手にした。この年１０９回目を迎えた全英オープンは、バドミントン界でもっとも歴史と伝統のある大会。テニスでいえば、ウィンブルドンのような位置づけといっていいだろうか。

男子シングルスの日本勢は、１９６６年に秋山真男さん、２０１０年に田児賢一さんが決勝に進んでいるが、いずれも敗れていた。ぼくが日本人として三度目の挑戦で、初優勝した。

決勝の相手は、アクセルセン。1ゲーム目は、長いラリーから相手が崩れて先取。２ゲーム目になると、アクセルセンは、ラリーをなるべくしないようにして、強引に決めにくるスタイルに切り替えてきた。その激しい攻撃にうまく対応できず、15－21で落としてしまった。

最終の第3ゲームに入っても、相手はその勢いで押してくる。0－4と先行されたところで、ぼくは開き直った。相手にエースを取られてもいいから、弱気で逃げるのはやめよう。真っ向勝負でいこうと、開き直って自分も攻めに転じた。ネット前に詰めて、得意なヘアピンを狙う。それがハマった。ぼくが前に出ることで、アクセルセンもスマッシュを打ちづらくなる。隙を狙って点を決めると、流れがぼくに向いてきた。

終盤は相手の足が止まり、リードが開いていった。最後はラリーから飛び込んでプッシュ。21－15で勝負を決めた。試合の流れを見ながら戦術を変えられたこと、得意のネットプレーで押し切れたことで、ぼくの自信はさらに深まった。

決勝は日本時間の3月11日。東日本大震災からちょうど8年目の日だった。

大会が始まってからは日々試合に集中していたから、そのことには気づいていなかった。準決勝に勝ったとき、報道の方から「明日3・11が決勝戦ですね」と言われて、初めてハッとした。これは絶対勝つしかない、と。

3・11——。

その日を意識したことで、そのときはイギリスにいながら、富岡時代のいろんなことを思い出した。震災のあとに猪苗代で練習を再開したことや、家族のこと。さまざまな思い出が頭に浮かんだ。福島や、そのほかの被災地ではまだつらい思いをしている人がたくさんいる。この3月11日に、簡単に負けるわけにはいかないと、自然に気持ちと力が入った。最高の結果を日本、そして被災地のみなさんに届けることができて、本当によかった。

5月からは、東京オリンピックに向けたポイントレースが始まる。前哨戦ともいえるこの大会を制し、大きな弾みをつけることができた。

サッカーのトッププロ選手からの刺激

2019年から、サッカーの香川真司選手、柴崎岳選手ら多くのトッププロ選手が所属する「UDN SPORTS」と契約し、マネジメントをしてもらうことになった。世界で活躍する彼らとは普段なかなか会えないが、イベントや企画を通じて交流させてもらうなかで、大きな刺激をもらっている。

香川選手たちと初めて顔を合わせたのは5月、社会貢献運動を進めるプロジェクト「UDN Foundation」の設立会見のときだった。香川選手、柴崎選手、原口元気選手、酒井高徳選手、冨安健洋選手と一緒に登壇させてもらった。控室に入った瞬間、日本代表の試合で見たことのある選手が並んでいたのだが、全員オーラがあって圧倒されたのを覚えている。

びっくりしたのは、会見後に子どもたちとサッカーのミニゲームをしたときのことだった。みんな遊び感覚でやるのかな、と思っていたら、途中から顔がガチになってきた。無邪気に、でも本気で子どもたちとプレーする姿を見て、すごく衝撃を受けた。本当にサッカーという競技を愛していることが伝わってきた。

ある日、みなさんと一緒に打ち上げの席で食事をしたことがあった。さまざまな食事がどんどん出てくるのだが、みんな必要以外のものは口にしない。打ち上げの場だったから、アルコールも飲むんだろうなと思っていたが、ほとんどの方が次の日に練習があるから、とお茶を飲んでいた。実際にそうした意識の高さを目にして、気が引き締まった。

プレーはもちろん、見た目も、ふるまいもかっこいい。こういう人たちがいたら、そりゃあ子どもたちもサッカーをやりたくなるはずだと思った。

バドミントンは、サッカーや野球に比べたらまだまだマイナーな競技だ。

もっと間口を広げるためにも、ぼくが活躍して、子どもたちが憧れるような選手になりたいと思っている。その気持ちは、事務所に入ってトップレベルのサッカー選手たちと触れ合うなかで、どんどん強くなっている。トップアスリートとは、どうあるべきなのか。彼らから学ぶことは多い。

ジャパン・オープン、世界選手権2連覇

7月、日本で唯一開催されるワールドツアー、ジャパン・オープンのときが来た。前週のインドネシア・オープンでは2回戦敗退。ぼくは不安を抱えていたが、この大会だけは、なんとしてでも勝ちたい。絶対に2連覇する、と自分にプレッシャーをかけて大会に臨んだ。

4試合をなんとか勝ち抜いて、決勝へ。18年アジア大会王者ジョナタン・クリスティ（インドネシア）との試合では、1年前と同じようにホームの大声援が力になった。

ここまでの試合で疲労がたまっていて、フィジカル的には決していい状態とはいえなかった。きつい。でも、ジョナタンのスマッシュを粘り強く拾い、第1ゲームを21－16で先取。第2ゲームは、追いつかれそうになった中盤でさらにギアを上げて、積極的にスマッシュで攻める。そしてそのまま流れに乗り、ぼくは21－13で勝ち切った。

「桃田！　1本！」とコールが響き、ぼくがポイントを決めるたびに大きな拍手をくれる。1年前も、そうしたありがたい応援が後押ししてくれたが、重圧を感じながら迎えたこの年は、その応援がまたさらに力強く心に響いた。

勝利後のインタビューで再び拍手を浴びると、感極まって泣いてしまった。自分を応援してくれる人の前で連覇できたことは何よりの喜びだった。

そして8月、前年覇者としてマークされるなか、スイス・バーゼルで世界選手権が始まった。最大のライバル、ビクター・アクセルセンと石宇奇は欠場。組み合わせにも恵まれて、1回戦から1ゲームも落とすことなく、2年連続の決勝に進んだ。

決勝は世界ランク9位のデンマーク選手、アンダース・アントンセン。この日、相手はコンディションがよくなさそうだったが、ぼくは手を緩めなかった。第1ゲームを21－9で取り、続く第2ゲームもリード。相手に隙を与えないまま、21－3で勝利。アントンセンのスマッシュをダイビングで返球したのがウイニングショットとなり、うつ伏せのままガッツポーズした。

世界選手権2連覇で、ぼくへのマークはさらに強くなった。研究されるなか、それでも10月のフランス・オープンでギンティンに敗れるまで、5大会で28連勝を積み上げることができた。

東京オリンピックへ

12月、ワールドツアーのトップ8が集まるワールドツアーファイナルズを制し、ぼくは年間11勝で2019年を終えた。それまでの年間最多勝利は、レジェンドであるリー・チョンウェイが2010年に記録した10勝だった。チョンウェイは、2019年7月に惜しまれながら引退。ぼくの憧れでもあり、恩人でもあった彼の記録を超えられたことを誇りに思う。

この大会に出たポイントで、ぼくの東京オリンピック出場が確実となった。2016年のリオデジャネイロオリンピックには出られなかったため、東京オリンピックがぼくにとって初めてのオリンピックの舞台となる。

このときは、まだオリンピックに、そして東京大会に、特別な思い入れがあるわけではなかった。でも、ジャパン・オープンを経験したことで、応援してくれる多くの人たちに勝つ姿を見せる喜びを知った。

東京オリンピックで勝てば、そこで感謝の思いをより多くのみなさんに伝えることができるかもしれない。バドミントンを好きになってくれる人が出てくるかもしれない。

ぼくは、とてもすがすがしい気持ちで、オリンピックイヤーを迎えようとしていた。

第六章　突如襲ってきた悪夢

最高のスタートから、突如襲ってきた悪夢

ぼくの2020年は、マレーシア・マスターズ優勝という最高の形でスタートを切った。

1月7日から始まったオリンピックイヤー最初の大会。第1シードだったぼくは順調に勝ち上がり、決勝はライバルのアクセルセンに24-22、21-11でストレート勝ち。リードされる場面もあったが、守備を固めて冷静に立て直し、最後まで落ち着いて試合を進めることができた。

前年の2019年に11勝できたということは、それだけ多くの厳しい試合を経験してきたということでもある。どんなに強い相手であろうと、どんなに困難な状況であろうと、その場面場面に対応できる力は確実についてきて

いる。それを実感しながら、2020年最初の試合を制することができた。

だが、その後、ぼくを悪夢が襲った。

それは、マレーシア・マスターズ優勝の翌日、13日の早朝のことだった。

翌週のインドネシア・マスターズに転戦するほかの代表メンバーとは別に、ぼくは日本に帰国する予定だった。少し早起きをして、4時半にホテルを出発。ぼくについていてくれている森本哲史トレーナー、日本ユニシスの平山優監督、世界バドミントン連盟のスタッフの方と一緒に、ワゴン車に乗ってクアラルンプール空港へと向かった。

いつもより早く起きたので、ぼくは車の中でずっと眠っていた。だが、出発してから約20分後、その眠りは大きな衝撃で突然途切れた。身体が前に飛ばされて、その瞬間パッと目が覚めたが、何が起こったのか、まったくわからない。少し時間が経ってから、乗っていた車が大きな事故にあったのだとようやく気づいた。

違和感を覚えてふと自分の顔に触ると、手には血がついていた。顔のあちこちをけがしていたようだが、動転していたからなのか、痛みはあまり感じなかった。

ぼくたちが乗っていたワゴン車は、高速道路で前を走っていた大型トラックに衝突したようだった。車の前方はぐちゃぐちゃに大破し、ドアも曲がってしまっていたため、横のドアからは出られない。後部座席に座っていたぼくたちは、後方のトランク部分のドアから車の外に出た。

救助を待っている間、平山さんが代表チームに連絡をしてくれた。ぼくは何もできず、ただ呆然として路肩に座り込んでいた。

それから時間が少し経つと、日本代表の朴柱奉（パクジュポン）監督、中西洋介コーチらが現場に駆けつけてくれた。ぼくが血を流しているのを見て、朴さんは着ていたジャージを身体にかけてくれた。ふたりは救急車が到着するまで寄り添ってくれていた。

バドミントンはできますか？

救急車で運び込まれた病院で、ぼくはすぐに治療をしてもらった。眉間を約10センチ縫ったのだが、ほかに唇や顎にも傷があった。鼻骨は折れていた。朴さんと中西さんは病院にも来てくれて、ずっとそばにいてくれた。病院で休んで少し落ち着いたからか、これから先のことが不安になってきた。

けがは治るのだろうか？

試合はできるのだろうか？

ぼくは思わず、朴さんに「バドミントンを続けることはできますか？」と聞いた。朴さんはすぐに「またできるよ」と答えてくれた。

運転していた現地の若い男性が命を落としたことは、病院に来てから知った。ただただ悲しく、恐ろしかった。

中学生のころからいままで、数え切れないくらい海外遠征をしてきた。だが、こんなに怖い思いをした経験はなかった。オリンピックイヤー最初の大会で優勝して、パフォーマンスが上がっていると感じていたなかでの事故。

このタイミングで、なぜ自分が……と思わずにはいられなかった。

事故からの帰国

日本に戻ったのは、事故から2日後の1月15日だった。

すぐに病院で精密検査を受けて、2日後に出た診断結果は全身打撲と顔面3カ所の傷以外は異状なし。まだ心身のダメージはあったが、そのころには、もう前向きな気持ちになっていた。

事故のあと、日本、マレーシア、そして世界からＬＩＮＥやＳＮＳを通じて激励の言葉がたくさん届いた。ぼくのことを心配し、応援してくれる多くの人たちに早く元気な姿、プレーする姿を見せたい。

身体を動かすことはできず、ただ安静にしているだけの日々はつらかったが、ぼくを支えてくれているみんなのためにも、３月の全英オープンでの復帰を目指し、いいイメージを頭に思い描いていた。

ただ、右目が見えづらく、よく霞むのが気にはなっていた。

それでも、身体は少しずつ回復してきていたので、２月３日から始まる日本代表合宿で、ぼくは再スタートを切ることになった。

シャトルが二重に

ナショナルトレーニングセンターで始まった代表合宿に合流したのは、2月4日のことだった。みんなとは別のメニューで、約3週間ぶりにラケットを握った。

最初は感覚を取り戻すために軽く打っていたのだが、すぐに異変に気がついた。シャトルが二重に見えて、距離間がうまくつかめない。練習を中断せざるをえなかった。

いったい自分の右目は、どうなっているのか……。

ぼくは再び、病院で精密検査を受けることになった。検査後、医師の方々と一緒に目の部分のレントゲン写真を確認した。すると、ひとりの医師の方が「あれ?」と異変に気づいた。これはヤバイぞという雰囲気になり、複数の医師の確認で骨折が発覚した。正式な診断結果は「右眼窩底骨折」。手術が必要で、全治3カ月もかかるという。それを聞いたときは、かなりのショックだった。

また、バドミントンができるという前向きな気持ちの糸が、プツッと切れた。それに、これまでの人生で手術なんてしたことがなかったから、恐怖が湧き上がってきた。

手術をしたあと、またちゃんと目が見えるようになるんだろうか……。

今後、バドミントンができるようになるんだろうか……。

パフォーマンスに、影響を残すんじゃないだろうか……。

一気に不安が押し寄せてきた。

このまま引退してしまおうかな……

眼窩底骨折が判明したとき、２０２０年夏の東京オリンピックに間に合うのかな？　とはみじんも思わなかった。

浮かんできたのは、このまま引退してしまおうかな……という思いだった。

手術が成功するイメージが浮かんでこない。もしかしたら、このまま失明してしまうのではないか、とも思った。

目の手術をしないで、引退する。そうすれば、もう海外を飛び回ることもなく、日本にずっといられる。そのほうが安全だし、こんなつらい思いもしなくていい。そんな考えがぼくの頭をよぎった。

引退して、ただ平和に過ごしたい。

事故で受けたあんな思いは二度としたくない。

でも、そんなふうに思ったのは一瞬だけだった。いまのぼくからバドミントンを取ったら何も残らない。とくにほかにやりたいこともない。何より、このままバドミントンをやめてしまったら、これまでぼくを支えてくれた多くの人たちを裏切ることになってしまう。

この先どうなるかわからないけど、前に進むしかない。そう考えたぼくは、不安や怖さはあったけど、手術を受けることに決めた。そして8日に手術を受けて、無事成功。13日に退院し、香川の実家で療養生活に入った。

励まされた応援メッセージ

事故の直後だけではなく、手術後の療養期間中にもたくさんの応援メッセージをもらった。しばらくは安静にしていなければならず、身体を動かすことができない。ネガティブな気持ちになってもおかしくないなかで、多くの言葉がぼくを勇気づけてくれた。

そのなかには、12月に訪問させてもらった東京・開桜小学校の子どもたちからのメッセージもあった。受け取ったのは、手術直後に経過観察で入院していたときのことだった。

病院のベッドでその包みを開けると、きれいなイラストも描かれた全校生徒からの手紙が入っていた。

「また、桃田選手がコートに立っている姿を見たいです」
「東京オリンピックに向けてがんばってください」
一つひとつの言葉をゆっくり読んでいると、あのときの子どもたちの笑顔が頭に浮かんできて、涙が出そうになった。子どもたちの言葉は何か違う。心に響く。

ぼくは、学校を訪問したとき、あの子たちに向けて「あきらめないでがんばれ」とエールを送った。そのぼくが、あきらめずに再び立ち上がる姿を見せないわけにはいかない。お手本ではないけれど、あの子たちに憧れられるようなプレーがまたできたらいいなと思った。

また、香川真司さんら多くのアスリートの方々からもエールが届いた。自分が尊敬している人たちからの言葉も、ぼくをがんばろうという気持ちにさせてくれた。

香川さんはビデオメッセージのなかで、2018年のロシアワールドカップ前にけがをした経験を語ってくれた。そのときは、試合に間に合いたいと焦るあまり、治りが遅くなってしまったという。

「現実と向き合って、リハビリに集中するしかない」という言葉には、説得力があった。そしてこうも語ってくれた。

「桃田が這い上がって、がんばってきた4年間を神様は見ている」

「バドミントンの神様はいると思います」

香川さんの言うとおり、これまでやってきたことを信じて、焦らず復帰を目指そうと思った。

実家でリハビリの日々

手術後は、香川の実家で3週間ほど療養生活を送った。正直時間を持て余しすぎて、困ってしまった。

ぼくの普段の生活は、起きて、練習して、寝て、起きて……の繰り返し。そして、年間の約3分の1は海外遠征のため、日本にいない。そんなほとんど休みなしのハードスケジュールから、いきなり長い休養に入るのは、不思議な感覚だった。身体を酷使しなきゃいけない状況には慣れているが、まったく身体を動かしちゃいけないという経験はほぼ初めて。身体を動かせないほうが、かえってしんどかった。

あり余る時間に何をしていいのかわからなかったが、幸い実家には姉の幼い息子ふたりがいる。その甥っ子たちと家のなかで遊んだり、散歩したりして、のんびり過ごしていた。代表監督の朴さんからは「練習できないけど、太らないように気をつけて」とＬＩＮＥがあったが、甥っ子たちと戯れていたので、身体はなんとかキープできていた。

手術直後、右目はやっぱり景色が霞んで見えた。いままではっきり見えていたものが、見えなくなるショックというか、悲しさというか、絶望感というか、そういった感情が自然に沸いてきた。それで何もやる気になれない時期もあったが、少しずつ見えるようになってくると、早く練習に戻りたい、と気持ちが前に向いた。

ここからもっと良くなるのかな……。

元どおり見えるようになるのかな……。

そんな焦りはあったが、眼球を上下、左右に動かす地道なリハビリを、ひたすら続けていた。

不思議なもので、毎日ハードな練習をしていたら休みたくなるんだけど、休んでいるとすごく練習したくなる。

早く練習したい！

早くバドミントンをしたい！

という気持ちは、ぼくのなかでどんどん膨らんでいった。

自身初の金メダル宣言

2月末に香川から東京に戻り、検査の結果、復帰の許可が出た。そして、29日にＮＴＴ東日本の練習に合流した。おそるおそる打ってみると、シャトルはしっかりと見えた。ぼやけて二重に見えた以前とは違っていて、本当に心からほっとした。

いきなり激しく動くことはできなかったが、徐々に強度を上げていき、衰えていた身体の動きも少しずつ取り戻していった。力が戻っていくのを実感できるのはもちろん、チームメイトと一緒に練習して、雑談してというごく普通の日常に戻れたことがうれしかった。

練習復帰から何日かが経ち、心も身体も落ち着いてきたところで、ぼくは周囲の人たちに会見を開きたいと申し出た。事故のあと、会社を通じて何度かコメントを発表してはいたが、心配してくれた多くの人たちに文章ではなく、自分が話している言葉で直接伝えないといけないと思った。自分が動いている姿も見せて、ちゃんと回復したことをみなさんに報告したかった。

その願いどおり、3月6日に会見の場を用意してもらった。会見では、事故の状況や、けがの回復具合などできる限り、説明したつもりだ。

約4カ月後に迫った東京オリンピックについての思いも聞かれた。そこでぼくはこう答えた。

「いままで、東京オリンピックは（ほかの大会の）延長にある大会だと思っていましたが、日本の方に応援してもらって、また（バドミントンを）できることになって……、いまは東京オリンピックの金メダルを狙いたいと思っています」

この言葉のとおり、ぼくはいままでオリンピックにそこまで強いこだわりを持っていなかった。だから、出場してみたい、勝ちたいという思いはあっても、〝金メダル〟という目標を掲げたことはなかった。オリンピックで金メダルを獲りたい、とはっきり宣言したのは、このときが初めてだった。

事故を経験したことで、ぼくのなかでのオリンピックへの思いが少し変わった。周囲の人たちのすごく手厚いサポートがあって、練習できるまでに回復することができた。それに、多くの人たちの応援の声があったからこそ、引退への思いを断ち切り、またコートに立とうと前を向くこともできた。

みんな、ぼくが東京オリンピックで活躍することを望んでいる。4年前のリオデジャネイロオリンピックに出られなかったぶん、そう願う人が多くいることもひしひしと感じている。期待してくれる人たちにぼくの強さ、思いが一番伝わる場所が東京オリンピック。そこで金メダルを獲ることこそが、やるべきことなんだと思うようになった。

いままでぼくを支えてくれたすべての人たちに、〝感謝の思い〟を表現する舞台として、ぼくは今度のオリンピックに挑むつもりだ。

東京オリンピック延期

時間はない。急ピッチで身体を元の状態に戻すため、ぼくはひたすら走っていた。

ところが、2020年夏に行われるはずだった東京オリンピックは、思わぬ形で延期となった。世界的な新型コロナウイルスの感染拡大は収まる気配がなかった。ぼくたちアスリートは、東京オリンピックに向けて練習して、ただ準備するだけしかなかったが、3月24日、IOCが正式に開催の1年延期を発表した。

延期を聞いたときは動揺したが、よく考えてみれば、たとえ数カ月後に開催されていたとしても、1年先になったとしても、自分のやるべきことは変わらない。やることは、自分のレベルを元に戻すこと。早く試合できる状態にすること。一日一日、ただ必死に練習を続けるだけだ。

1年の延期は、けがをしたぼくにとってはプラスだという意見もあった。その間に元どおりに復活できるし、実戦感覚を取り戻すこともできるという考えのようだが、ぼくのなかには、延期になってラッキーだという思いはまったく生まれなかった。

事故のけがの影響で、2カ月近くまともにラケットを握ることができなかったし、その後は新型コロナウイルスの影響で、代表合宿もしばらくできなかったが、目の前のやるべきことをやるだけだと心は揺らがなかった。

ぼくは、拠点のＮＴＴ東日本で黙々と練習をし続けた。

終　章　自分を変えるということ

頂点とどん底を経験して

この約5年の間、ぼくは頂点とどん底を何度も経験した。

2016年の春、世界ランキング2位となった直後、不祥事で無期限の試合出場停止処分となり、リオデジャネイロオリンピックを断念。その1年後の6月に復帰。2018年には世界選手権を制し、初めて世界ランキング1位にもなった。そして2020年、交通事故で右眼窩底骨折となり、一時は引退まで考えたが、手術ののちに復活した。

ぼくのことを、試練を乗り越えてきた選手だと讃えてくれる人もいる。でも、ぼく自身はそうは思っていない。思い返すと、これまで思いもよらない出来事が起こるたびに、ぼくは自分のなかの弱い部分や、足りない部分に気づかされてきた。先の見えないつらい状況に陥ったからこそ、自分にとって何が大切なのかも確認することができた。

試合に出られなくなった時期に、ぼくは「人として強くなりたい」と思った。自分はそれまで、バドミントン選手としてはそれなりに強かったのかもしれない。でも、人としては小さな人間だった。まわりのみんなが、思わず応援したくなるような人としての魅力を備えてこそ、本当に強い人間になれるのではないかと思った。

とにかく、ぼくは強くなるために、自分を変えようと思った。そして、一日一日、そのための努力を重ねた。だから、試練を乗り越えたというよりも、変わるきっかけを与えてもらったんだとぼくは考えている。

つらい経験はできればしたくない。だけど、そのおかげでぼくは自分を変えて、進化させることができた。

最後に、これまでぼくがどのように変わってきたのか、これからどう変わっていきたいのかについて、あらためて伝えたい。

周囲への思い

バドミントンはひとりではできない。相手がいて、仲間がいて、教えてくれる人たち、支えてくれる人たちがいて初めて練習や試合ができる。小学生のときにバドミントンを始めて以降、ぼくは競技環境にとても恵まれてきた。それが当たり前のことくらいに思っていたから、そうした自分以外の人たちへの感謝の気持ちや、想像力が欠如していたんだと思う。

まわりに目を向けるようになった最初のきっかけは、東日本大震災のときだった。一時バドミントンができなくなり、先生方や福島県の方々の尽力のおかげで再びできるようになったときに、初めてバドミントンができることのありがたみを感じた。それでも、再び普段どおりの日常を取り戻すと、その気持ちは自然と薄れていく。社会人になり、まわりから少しずつ注目されていくなかで、ぼくは自分のことばかりを考えるようになっていたと思う。

とにかく勝てればいい。

強いだけじゃなく、見た目も発言も目立ちたい。

自分がバドミントンをもっとメジャーにするんだ、と。

そうした自己中心的な考え方は、2016年のあの出来事を機に一変した。練習も試合もできなくなり、世間からバッシングを受けて、どん底に落ちたぼくのまわりには、支えてくれる人たちがたくさんいた。家族、NTT東日本のチームの仲間、指導してくれる人たち、会社の人たち、友だち……。気づくのが遅かったけど、そこでようやく意識のベクトルが自分から外へと向いたように思う。

こんな自分のために、環境を整えてくれる人や励ましてくれる人がいる。再びバドミントンができて、試合のコートに立てたとき、そのありがたさを痛感した。今回、交通事故から復活できたときもそうだった。まわりの人たちの手厚いサポートや応援が、本当に身に染みた。

支えてくれる人の存在――。

これが、いま自分がバドミントンをがんばれる要因の大半を占めている。試合をするときには、監督、コーチやトレーナー、事務所のスタッフ……と、いろんな人の顔が頭に浮かぶ。彼らはぼくのことを、いつも必死でサポートしてくれている。

おかげで、いま自分は言い訳などできない最高の環境でプレーさせてもらっている。逆に言えば、それが、ぼくにとっての何よりのプレッシャーだ。こんなに何から何までやってもらってるのに、負けちゃだめだろう、と。

何度も繰り返しになるが、ぼくはもともと負けず嫌い。その負けたくないという気持ちに、支えてくれている人たちのためにも絶対に負けられない、という責任感が加わった。それがいまの自分だ。

オリンピックへの思い

これも繰り返しになるが、ぼくはずっとオリンピックを特別なものだとは思っていなかった。自分にとって特別な大会は、全日本総合とジャパン・オープンのふたつ。オリンピックで金メダルを獲ることが名誉あることだとしても、ぼくにとっては数あるタイトルのひとつに過ぎなかった。

競技にかかわらず、「オリンピックで金メダルを獲る」と宣言するアスリートは数多くいる。それを聞くたびに、ぼくは言いたくない、いや言えないと思っていた。オリンピックという注目度の高い大会に向けて、仮に大きな目標を掲げたとしても、果たして自分は大丈夫なのか、と。

実はぼくは、ビビリで慎重なタイプ。できなかったらどうしよう、無責任なことは言えないという思いがあるから、本当に自信のある大会、あるいは思い入れのある大会前にしか優勝宣言はしなかった。それに、自分には気分屋の一面もある。目の前のことには強いけど、だいぶ先の目標を目指すのが苦手だった。

もうちょっとがんばったら届くよ、という近い目標だったらがんばれるけど、1年続けたらいけると言われても気持ちが続かない。そうしたいろんな理由があって、遠い先にあった東京オリンピックで金メダルを獲る、とはとてもじゃないけど言い切れなかった。

だが、交通事故のあと、ぼくの心は変わった。2020年4月、手術後の会見でぼくは初めて「東京オリンピックの金メダルを狙いたい」と宣言した。

そう言おうと思ったのは、復帰まで支えてくれた人たち、応援してくれている人たちに、ぼくの思いが一番わかりやすく伝わる場所が東京オリンピックだと気づいたからだ。

いったん口にしたことで、勝ちたいという強い覚悟が生まれた。延期となった東京オリンピックに向けて、できるかなという不安よりも、勝つ姿をみんなに見せたいという思いがどんどん強くなっている。

いま現時点で、金メダルを獲れる自信は、50パーセント。勝負事は簡単じゃないとわかっている。それをわかったうえで、自分には絶対獲れると言い聞かせていきたい。そして、この自信が100パーセントに近づいていくためには、練習あるのみだ。万全の状態で、感謝を表現する舞台に立ちたいと思っている。

ぼくは走り続ける

ぼくは、ずっと走るのが嫌いだった。でも、2016年の出場停止処分を機に、毎日欠かさず走るようになった。もしも復帰させてもらえるのなら、以前よりも強い姿で戻りたいと思ったからだ。手術後の安静期間はさすがに走れなかったが、それ以外は、ほぼ毎日1時間ほどランニングマシンで走り続けてきた。いまはだいたい、午前中の練習メニューが終わったあとに30分走り、午後の練習後にもう30分。それを続けている。

走るのが好きになったか、と言われればそうではない。続けている理由は、走らないと落ち着かないからだ。

例えば1日走るのをサボったとしたら、あとでぼくは後悔し、焦るだろう。

ぼくがサボっている間に、多くの選手がぼくよりもっと走っているかもしれない、練習しているかもしれない、と。

毎日走ってきた成果は、2017年の復帰後にプレーにも大きく表れた。スタミナがついたことで、長いラリーになっても、競り合う展開になっても、最後まで集中力が続く。

そして、脚力がついたことでフットワークのキレも増した。身体全体の体幹が強くなり、打点も少し上がった。そうしたフィジカル面の成長は、試合中に心の余裕も生む。優位にゲームを進められる場面が増えて、その結果勝てるようになったんだと思う。

もっと強くなるために

ぼくのリオデジャネイロオリンピック以前の力が仮に10だとすれば、いまの力は15ぐらいだろうか。

もしあのころの自分と対戦するとしたら、確実にいまの自分のほうが勝てる自信がある。技術的にはそう変わっていないだろう。何が一番変わったかというと、勝負どころで我慢できるようになったことだ。フィジカルの強さはもちろん、「自分はこれだけ練習してきたんだ」と言える自信がある。それが、いまの自分の強みだ。

でも、現状に満足はしていない。まだまだ足りない。

いまの課題は攻撃面。ディフェンスと比べたときに、攻撃力が足りない、相手にプレッシャーがかかってないと感じている。

強いショットの精度を上げるだけでなく、それを何度も繰り出すことができるフィジカルを鍛えている。強いショットも、1発ではなかなか決まらない。2、3、4回とたたみかけられるようなスタミナをつけていきたい。

自分が思い描く理想の選手像が100だとしたら、いまはまだ感覚的には70ぐらいでしかない。プレー面はもちろん、アスリートとしての影響力がまだまだぼくには足りない。

選手の力を示す六角形のチャートがあるとして、すべてがMAXになるのが理想だ。自分の得意な展開はもちろん、相手の得意なところで勝負しても、どんな状況でも勝つ。そんなふうに隙がなくて、圧倒的な強さを持つ選手にぼくはなりたい。

そして、影響力の部分。ぼくが見てきた林丹、リー・チョンウェイといったレジェンドといわれる人たちは、周囲への影響力がすごかった。バドミントン界はもちろん、自国では誰もが知っている存在だ。そして、彼らは競技の普及活動にも力を入れていた。ぼくもそうした活動を、もっともっとやっていきたい。

日本は、日本バドミントン協会の強化策が成功し、いまでは世界でもトップクラスの力を持つ国となった。２０１６年のリオデジャネイロオリンピックでは、女子ダブルスの髙橋礼華選手、松友美佐紀選手が日本初の金メダルを獲り、女子シングルスでは奥原希望選手も銅メダルを獲得した。いまは男女のシングルス、ダブルス、混合ダブルスの５種目すべてにメダル候補がいる状態だ。

だが、残念ながら、いまのところバドミントンは日本ではマイナー競技にすぎない。もっと、競技者やファンの母数が増えれば、ピラミッドのようにスター選手の数も増えてくる。そうやって、どんどんこのバドミントンという素晴らしい競技が盛り上がっていくよう、ぼくは力を注いでいきたい。

圧倒的な強さがあり、まわりに影響も与える。そんな存在になって初めて、どこで試合をしても誰からでも応援される選手になれるんだと思う。

世界中の人に「桃田を見たい」と思ってもらえるような選手に、ぼくはなりたい。

変わらないもの

さまざまな面でぼくは変化し、進化してきたつもりだ。でも、ずっと変わらないものもある。

それは、バドミントンが好きという気持ちだ。ぼくはバドミントンが大好き。ほかの誰よりも好きだと思う。

バドミントンはいまでも難しい。こういうふうに打ちたいというイメージがあっても、最初からうまくはいかない。それを続けているうちに、ちょっとずつイメージに近づけていって、最終的に思いどおりに打てるようになったとき、すごく楽しさと喜びを感じる。

普段のなにげない練習のなかで、不意に相手の逆を突けたりできるのも、楽しい。毎日、バドミントンの難しさと向き合い、考えながら動いていると、飽きることなどない。

ぼくは正直、バドミントン以外はできないことのほうが多い。忘れっぽかったり、掃除が苦手だったり、欠けている点がたくさんあると思う。その代わり、ぼくはバドミントンを通じて、自分が思っていることを表現することができる。まわりの人に対する気持ちを伝えることもできる。

だから、子どもたちにバドミントンの楽しさをもっともっと伝えたいし、バドミントンを通じて、感謝の気持ちも伝えたい。そのためには、自分自身がより強くならないといけない。

つらいことも、楽しいことも、大きな喜びも、すべてバドミントンを通じて経験させてもらった。そしていまでも学ぶことが多い。

ぼくのなかで、バドミントンを好きだという気持ちはずっと変わらない。

自分を変えたい人へ

いま、何か悩みがあって、自分を変えたいと思っている人はたくさんいると思う。でも、自分を、いまの自分から違う自分に変えることはすごく難しいことだ。

「毎日の積み重ねが一瞬の奇跡を呼ぶ」

元メジャーリーガー、イチローさんの言葉だ。出場停止処分を受けて、ひたすら練習する日々のなかで、この言葉が、ぼくをとても勇気づけてくれた。変わるため、何かを成し遂げるためには、一日一日ひたすら地道に努力を積み重ねるしかない。それを信じて、ぼくはただ実行した。

桃田は言葉だけで、本当は変わってないんじゃないか、という声が聞こえてくることもあった。

でも、ぼくは自信を持って言える。

変わった、と——。

人は本気になれば、変わることができる。変わりたいなら、勇気と覚悟を持つことが大切だ。

勇気と覚悟を持って取り組めば、誰でも絶対に成長できる。誰もがその可能性を秘めている。

ぼくはそう信じている。

おわりに

２０２０年12月23日、全日本総合選手権大会2日目。この日、ぼくは1月に交通事故にあって以来、約11カ月ぶりに試合に復帰した。

初戦の相手は高校生の森口航士朗選手。久しぶりに実戦のコートに立つとあって、試合前はすごく緊張したけど、いざ始まってみると、落ち着いてプレーすることができた。結果は２－０のストレート勝ち。とにかく、戻ってこられたことにほっとした。

勝ち進んで迎えた決勝では、第1ゲームを常山幹太選手に取られた。やっぱり手強い。でも、ブランクとかは関係ない。気持ちで戦うしかないと思った。結果、約1時間20分の激闘。力を尽くして、逆転勝ちで3連覇することができた。もちろん戦い抜いて勝てたうれしさはあったが、それより湧き上がってきたのは、「まだまだだ」という気持ちだ。無事、再スタートを切ることはできた。ここからまた、さらに自分を高めていきたいと強く思う。

２０２０年を振り返ってみると、右目の状態が良くなったあとも、新型コロナウイルスの影響で試合や代表合宿ができず、自主練習の日々が続いた。身体は動くようになったが、ずっと同じ相手としか練習できなかったため、このままで大丈夫かな、という不安が膨らんだ。

そんな状況だった7月、ぼくは第二の故郷である福島のふたば未来学園（前身が母校富岡第一中、高校）で約1週間の合宿を行った。環境を変えて、気分を一新するため、原点の場所で一からやり直すためだ。高校の監督、本多裕樹先生に連絡すると、「いいよ、いいよ」と快諾してくれた。

体育館でほぼ1日中、中学生、高校生と打ち合う日々。彼らは予想していた以上に技術があり、ゲーム運びもうまい。そして、必死でぼくに食らいついてくる。そんな子たちの相手をするのは決して楽ではなかった。ぼくのほうが学ぶ点もあったし、何よりミニゲームをしているうちに、試合をしたいという欲求が高まった。そして、なんといっても、彼らが楽しんでいる姿に大きな刺激を受けた。

そのときの自分は、早く力を戻さないといけないと焦っていて、切羽詰まった状態だった。でも、中学生、高校生が楽しく、必死にプレーする姿を見て、ふっと心に余裕ができた。楽しまなければ、いいプレーはできない。自分が学生だったころの原点の気持ちを思い出すことができた。貴重な時間をつくってくれたみなさんには、あらためてお礼を言いたい。

この本は、ぼくにとって初めての自伝であり、バドミントンを通じて変わってきたプロセスの記録でもある。読んでいただいたとおり、ぼくは最初から強かったわけではない。むしろ、弱くて、小さな人間だ。バドミントンをやり続けてきたことで、多くのことを学び、少しずつ成長することができた。

その姿勢は、これからも変えずにいきたい。

すごく叩かれてつらい時期もあった。どん底まで落ちて、本当にあきらめかけたときもあった。でも、本気で自分が変わろうと思えば、人は変われるとわかった。いま、心が折れかけそうな人、何かをあきらめてしまいそうな人に、この本を読んでもらえたらうれしい。

いまは、テレビや雑誌などさまざまなメディアに出させていただく機会も増えたが、あくまでも、ぼくの表現の場はコートの上だ。ぼくが、これからどう変化し、強くなっていけるか。実際に試合を見ていただいて、感じてもらえたらうれしい。

2020年12月　桃田賢斗

自分を変える力

2021年3月12日　初版第一刷発行

著　　者／桃田賢斗

発 行 人／後藤明信
発 行 所／株式会社竹書房
〒102-0072
東京都千代田区飯田橋2-7-3
☎03-3264-1576（代表）
☎03-3234-6301（編集）
URL　http://www.takeshobo.co.jp

印 刷 所／共同印刷株式会社

カバー・本文デザイン／轡田昭彦＋坪井朋子
協　　力／NTT東日本
特別協力／UDN SPORTS
カバー写真／アフロスポーツ（松尾）
口絵写真／アフロ
本文写真／アフロ、UDN SPORTS
編集・構成／高場泉穂

編 集 人／鈴木 誠

Printed in Japan 2021

ISBN978-4-8019-2323-2